NYTT NORDISKT MÖTER GAMMALT ITALIENSKT

45 PERFEKT KOMBINERADE VEGANSKA PASTASÅSER

ORIGINALETS TITEL
NEW NORDIC MEETS OLD ITALIAN:
Perfectly paired 45 vegan pasta sauces

SVENSK ÖVERSÄTTARE
EMMY LINDGREN

DESIGN
STUDIO BON

ART DIRECTOR & REDAKTOR
NEEL EIRIKSDOTTIR

FOTOGRAF OCH MATSTYLING
by NAZLI DEVELI

COPYRIGHT 2020
ALL RIGHTS RESERVED
by NAZLI DEVELI

Denna bok eller någon del utav den får ej reproduceras eller användas på något sätt utan uttryckligt skriftligt tillstånd från förläggaren, förutom för användning av korta citat i en bokrecension.

Hardcover Edition, Swedish - December, 2020
ISBN 9781736374252
Published by Nazli Develi
För information om tillstand att reproducera delar
av denna bok skriv till nazli@gurmevegan.com
www.gurmevegan.com
www.greenandawake.com

NYTT NORDISKT MÖTER GAMMALT ITALIENSKT

45 PERFEKT KOMBINERADE VEGANSKA PASTASÅSER

NYTT NORDISKT MÖTER GAMMALT ITALIENSKT

INNEHÅLL

OM BOKEN   06-07

SKAFFERI   08-09

ATT TILLAGA PASTA PÅ DET ITALIENSKA VISET   10-14

KOMBINERA PASTASORTER MED SÅSER   15

EN LITEN REGIONAL PASTAGUIDE   16-17

NÖTOSTAR FÖR ATT LYFTA DIN PASTA   18-23

NORDISK OCH ITALIENSK FUSION   24-49

RÖDA SÅSER   50-77

VITA SÅSER & OSTSÅSER   78-101

GRÖNA SÅSER   102-127

INDEX   128

NYTT NORDISKT MÖTER GAMMALT ITALIENSKT

OM BOKEN

"Det nya nordiska köket" är en rörelse som har tagit Skandinavien med storm genom att kombinera föga kända lokala ingredienser med ett starkt fokus på hälsa, etisk produktion, modern teknologi och en lekfull vision. Det har använts för att framhäva lokala, naturliga och säsongsanpassade produkter som en grund för nya rätter, både i restauranger och i hemmet.
Modern plantbaserad nordisk matlagning kan enkelt appliceras på traditionella italienska rätter. Det finns många oväntade likheter mellan italiensk matlagning och den nya nordiska stilen; köken lägger båda huvudfokus på färskhet, årstider och enkelhet.

Precis som italienarna, har nordborna alltid säsongsanpassad, lokal och hållbar mat i åtanke; renhet, färskhet, enkelhet och etik används för att ta fram de rena, naturliga smakerna.

Skandinavisk mat är enkel. När du arbetar med de bästa produkterna, finns det ingen anledning göra det allt för komplicerat.
Vi kallar det husmanskost – vardaglig mat. Den är naturlig och ärlig, gjord av basmat från den lokala omgivningen.

Förutom kreativa uppgraderingar av traditionella recept och några enkla recept på veganska ostar för att lyfta dina rätter, kommer du också att hitta gastronomiska möten mellan Italien och Sverige.

Vi har försköt att förmedla detta på ett så levande sätt som möjligt, med gourmeträtter så som glöggmarinerade belugalinser serverade med spaghetti och rotsellerisås. Den söta, kryddiga glöggen tillsammans med körsbär och den jordaktiga rotsellerin leder till en fantastisk smakupplevelse.

Boken fokuserar också på gourmetsåser gjorda på främmande ätbara växter tillagade enligt italienska mattraditioner, som har parats perfekt ihop med olika sorters torkad pasta.

Målet med boken är att uppmuntra kockar till att skapa en utsökt, plantbaserad pastameny genom att använda sig av 100% växter i köket. Den innehåller en mängd främmande grödor som växer i alla klimat, även om de inte alltid utforskats fullt ut ännu när det gäller deras kulinariska potential.

Vi tror fullt ut på att "Nytt nordiskt möter gammalt italienskt" kommer att hjälpa dig att framhäva smakerna som dessa två platser har att erbjuda och låta dig se dem med nya ögon.

Nazli Develi

NYTT NORDISKT MÖTER GAMMALT ITALIENSKT
Plantbaserad Kock och Författare

DEN BÄSTA MATEN KOMMER INTE FRÅN DE BÄSTA KOCKARNA; DEN KOMMER FRÅN DE BÄSTA MÄNNISKORNA. MÄNNISKOR SOM ÄLSKAR ATT ÄTA.

SKAFFERI

För att kunna göra vilket pastarecept som helst på en regelbunden basis, har du här några förslag på nyckelingredienser som är bra att ha till hands:

NÖDVÄNDIGHETER	SMAKFÖRHÖJARE	TILLÄG
Olika sorters torkad pasta av hög kvalitet	Morot	Ärtor
Extra virgin olivolja	Lök	Aubergine
Konserverade tomater	Vitlök	Havretofu
Färska tomater	Hel kryddpeppar	Jackfrukt
Tomatpuré	Selleri	Tempeh
Chili flakes	Kronärtskocka	Murklor
Svartpeppar	Fänkål	Karljohanssvamp
Mandlar	Lagerblad	Kantareller
Pinjenötter	Sparris	Svart trumpetsvamp
Cashewnötter	Dragon	Valnötter
Havregryn	Persilja	Ärtprotein
Blomkål	Timjan	Grönkål
Salt av hög kvalitet	Mejram	Linser
Sherry	Fläder	Potatis
Grönsaksbuljong	Salvia	Butternutpumpa
Vitt vin	Rosmarin	Hampafrön
Rött vin	Lakrits	Kastanjenötter
Tryffelolja	Blåbär	Plommon
Aquavit eller vodka	Rönnbär	Äpplen
Citrus	Gåsört	Kalamataoliver
	Harsyra	Kapris
	Lingon	Vegansk parmesan
	Malva	Avokado
	Enbär	
	Saffran	
	Koriander	
	Muskotnöt	
	Dill	
	Basilika	
	Senapsblad	
	Maskrosblad	
	Ostronblad	

ATT TILLAGA PASTA PÅ DET ITALIENSKA VISET

Para ihop pastasorten med såsen

Se till att du har valt den rätta sortens pasta och sås innan du börjar. Det viktigaste att tänka på är storlek och textur. Såsen som valts bör hålla ihop med pastan och större bitar ska kunna fångas upp i pastaformens vrår.

Ett klassiskt exempel på ett pastaval som gått fel kan hittas i den rätt som många anser vara den mest italienska rätten: Spagetti bolognese. ´Ragú alla bolognese´ är traditionellt serverad med en lång, tjock pasta så som tagliatelle, som verkligen kan fånga upp den kraftiga såsen. När du parar ihop spagettiströn med en tung, köttig sås, så slutar det oftast med att du får en hel del ensam sås i pastaskålens botten.

Använd rikligt med vatten

För att koka pasta på rätt sätt måste du använda dig av en stor, djup kastrull fylld med mycket vatten. Detta gör att vattnet inte fylls med förmycket stärkelse och ser till att pastan har nog med utrymme att koka i så att den inte klumpar ihop. Tumregeln är 1 liter vatten per 100g pasta.

Tillsätt pastan vid rätt tillfälle

Tillsätt endast pastan när vattnet har kokat upp ordentligt.

Salta ditt vatten väl

Jag fick alltid höra att saltet skulle tillsättas när vattnet väl kokats upp, så enligt min uppfattning var detta det rätta sättet. Med mer läsning har jag dock insett att Italien är väldigt delat när det gäller denna fråga: vissa påstår att om man saltar från början så kokar vattnet upp fortare, medan de som förespråkar sen saltning varnar för att detta kan leda till att din kastrull korroderas.

Då det inte finns några starka bevis för någon utav sidorna så kommer jag att fortsätta att salta på samma sätt som jag alltid har gjort, det vill säga så fort vattnet har kokat upp. Men vare sig vilket sätt du väljer så är det viktigaste att du faktiskt saltar det, då sodiumet verkligen ger liv åt den okryddade torkade eller färska pastan.

Tillsätt aldrig olja i pastavattnet. Pastan kommer inte att klibba ihop så länge du rör om den ofta medan den kokar. Om olja tillsätts i vattnet kommer det att leda till att pastan får en halkig yta, vilket gör att såsen inte kan fastna på pastan när det är dags att kombinera dem.

Koka al dente

Al dente betyder ´till tanden´ på italienska - en kokningslängd som ser till att din pasta får lite tuggmotstånd, vilket ger intressantare textur till den färdiga rätten. För att lyckas med detta, testa att ta pastan från plattan cirka 1–2 min innan den rekommenderade kokningstiden på förpackningen. Eller så kan du helt enkelt ta ut en bit pasta eller två för att testa innan du tömmer den.

Kom ihåg att alltid koka pastan i mindre än vad som rekommenderas, så att tuggmotståndet bevaras. Om den koksas längre än den rekommenderade kokningstiden kommer den bli mjukare och mjukare och det är detta vi vill undvika.

Använd ditt pastavatten

Pastavatten är väsentligt när man tillagar i princip vilken pastasås som helst, då det bidrar med stärkelse, förtjockning och hjälper till att ge pastan en fin glans. Tillsätt det för att göra det enklare att blanda i pesto, när du gör en sås för "cacio e pepe", för att stretcha ut "aglio e olio" eller för att ge liv åt en torr ragu. Innan jag häller av pastan så ser jag alltid till att spara i alla fall en stor mugg pastavatten, som jag sedan tillsätter lite åt gången av i den färdiga rätten tills att jag uppnått önskad konsistens.

Blanda pastan med såsen innan servering

Istället för att toppa den tillagade pasta med såsen du valt, ge pastan en chans att verkligen förenas med såsen genom att blanda in den så fort du tömt pastan (men glöm inte att först spara lite pastavatten). Det bästa sättet är att använda en separat kastrull för att göra såsen. Den varma, stärkelserika pastan kommer att binda ihop bättre med såsen och absorbera smaken, vilket ger en bättre rätt. Igen, att tillsätta lite pastavatten ser också till att allt faller på plats.

'Mantecare' – Emulsion – Hur italienare får såsen att hålla ihop med pastan

Sättet att skickligt kombinera tillagad pasta med en sås på kallas av italienarna för 'matecare'.

Detta betyder att emulera stärkelsen (från den kokade pastan) med oljan i såsen, för att få till den löst krämiga konsistensen som är så lockande.
En emulsion är ett vetenskapligt koncept som enkelt uttryckt innebär att minst två vätskor som vanligtvis inte kan blandas ihop tvingas till att göra det. Det finns några exempel inom matvärlden som du kanske känner igen sen tidigare, så som skillnaden mellan en bortstötande olja tillsammans vinäger och en tjock, krämig vinägrett. Alternativ två, som innehåller både olja och vinäger men som ändå inte verkar separera med en gång, är en emulsion.
Det finns två absolut nödvändiga steg till att emulera en pastasås; att spara undan lite pastavatten och att långsamt introducera fett.

Detta är vad du behöver för att kombinera pasta med sås:

En stor traktörpanna; vid, djup, med en tjock botten och ett långt handtag, allra helst non-stick
En kopp salt, stärkelserikt pastavatten.
Extra virgin olivolja.

Att göra en mantecare:

1. Töm pastan men spara en kopp av det kokande vattnet
2. Häll den tömda, varma pastan i pannan med sås och addera 50 ml av pastavattnet.
3. Rör sedan på hög värme till dess att pastan ser väl täckt och krämig ut.

REDUCERING TIPS

Vad är reducering?

Reducering är en process som innebär att förtjocka en vätskeblandning och förstärka dess smak genom att sjuda den, så som soppa, sås, vin eller juice.

Genom att reducera vätska och sky till ypperliga, tjocka och skedtäckande såser, kan du enkelt addera smak och förbättra presentationen av dina hemlagade pastarecept.

Det är enkelt göra en reducering. Men att bemästra konsten att reducera såser kräver lite kunskap.

Så här tar du snabbt dina såser från simpla till komplexa, silkeslena och skedvänliga:

1. Vare sig du använder dig av svamp, seitan, tempeh, jackfrukt eller grönsaker i pannan, så är fasta ingredienser i vägen för din bräseringsvätska. Ta ut färdiglagade och mjuka svampar ur pannan och låt de vila medan såsen lagas på medelhög värme. När såsen väl har nått önskad konsistens, kan du tillsätta svampen igen och värma upp den på låg värme, samtidigt som du häller såsen över med en sked.

2. Ju mer utrymme såsen har till att göra det den ska, desto fortare kommer den att reduceras. En stor gjutjärnsgryta eller en bred traktörpanna kommer snabbast att ge resultat. Om pannan är för djup kommer det ta längre tid för såsen att kondenseras och reduceras.

3. Täck inte pannan. Då meningen med reducering är att låta vätskan avdunsta, måste du låta den få kontakt med luften.

4. En bra reducering kan ta en hel del tid, och det är bättre att sjuda än att koka. Allt för hög värme kan leda till att såsen reduceras för mycket och blir bitter.

5. När vätskan reducerats till perfekt konsistens, blanda i en matsked extra virgin olivolja. Detta kommer att ge såsen en vacker glans.

6. Om du plikttroget följt alla steg och såsen ändå inte reducerats fullt ut, kan du tillsätta en "slurry". En slurry är helt enkelt en kombination av stärkelse och vätska. Några vanliga exempel är: majsstärkelse, tapiokastärkelse, arrowstärkelse eller potatisstärkelse blandat med vatten, eller grönsaksbuljong. När jag tillsätter en slurry föredrar jag att använda mig av tapiokastärkelse eller grönsaks- eller svampbuljong.

EN VANLIG FORUMLA FÖR PASTASÅSER

Den här boken innehåller fina recept att inspireras av. Recepten är en suverän utgangspunkt, men om du vill göra din egen pastasås sa finns det en enkel formula att följa.

Om du har nagra av ingredienserna vi nämnde i kapitlet om ditt pastaskafferi, kommer du att kunna börja att laga egen pasta pa en gang:

Smakförhöjare: Lök, vitlök, purjolök, kronärtskocka, selleri, fänkål...

Örter & kryddor: Peppar, timjan, basilika, salvia, dill, dragon, rosmarin...

Vätskor: Svampbuljong, grönsaksbuljong, mandelmjölk, havregrädde, kokosgrädde...

Grönsaker: Tomat, morot, zucchini, rödbeta...

Protein (valfritt): Linser, bönor, quinoa, hampafrön, jordnötter...

Köttersättare (valfritt): Svamp, jackfukt, tofu, seitan, tempeh, oumph...

Ost: Nötostar, näringsjäst, cashewnötter, solrosfrön...

Toppings: Parmesan av cashewnötter, basilika, småbladsgrönsaker, groddar, ätbara blommor, stekta frukter...

Hur man gör

1. Samla ihop dina ingredienser, skär och hacka efter behov och tillsätt sedan i pannan. Stek och rör om med jämna mellanrum. Detta är ett snabbt sätt att göra din egen sås på.

2. Koka upp på hög värme och sänk sedan värmen till låg och sjud under omrörning tills att den bubblar. Blanda med din pasta och toppa med valfria tillbehör, njut.

Portionsstorlek

För pasta secca (torkad pasta)
- 100g okokt pasta per person för en måltid
- 70-80g okokt pasta per person för en förrätt
- 50g okokt pasta per person när den adderas till soppor

För pasta fresca (färsk pasta)
80g okokt färsk pasta per person för en måltid
30-40g okokt färsk pasta per person när den adderas till soppor

ATT VÄLJA ITALIENSK PASTA AV HÖG KVALITET

Har du någonsin noterat den där sektionen i mataffärens pastahyllor som helt enkelt ser lite finare ut? Märkena känns inte igen vid första ögonkastet. Loggorna ser ut att vara handritade med en fjäderpenna eller stämplade med en italiensk brevpress. Och priserna, tja, de är definitivt lite högre än hos de vanliga torra pastasorterna som du tidigare köpt. Men jag skulle bara vilja säga att i det stora hela, är den dyra pastan väl värd pengarna. När det gäller att tillfredsställa din själv och mage, är den betydligt bättre.

Men varför? Är inte all torkad pasta densamma?
Här är anledningarna till att det är helt klart värt att köpa de dyrare sorterna.

Den första anledningen är den långsamma torkningsprocessen med en låg temperatur. När vi talar om bra torkad pasta, är detta vanligtvis den viktigaste faktorn.

De flesta (industriella) tillverkarna av torkad pasta torkar sin pasta på en högre temperatur, så att fukten försvinner snabbare. Detta gör att de tillverka mer pasta på mindre tid, vilket innebär att de kan producera och sälja mer. Med den här snabbtorkningsmetoden fångas outvecklade stärkelseproteiner inuti den torkade pastan. Detta innebär att texturen hos snabbtorkad pasta är sämre än hos den långsamt torkade pastan.

Billig pasta är också gjord på tunt mjöl och blir väldigt fort mjuk, vilket gör den svår att koka al dente. Du kommer inte att känna dig mätt när du äter den. Allt den gör är att blåsa upp din mage.

Om den är bra eller inte är enkelt att förstå om du tar en titt på själva pastan. Om den ser blank och len ut, kommer den inte att vara särskilt bra på att absorbera sås.

Ett bra tecken att hålla utkik efter är om pastan ser grov, matt och nästan lite smutsig ut. Såserna älskar att klibba ihop med den yttre texturen om den är lätt gropig. Ser utsidan dessutom lite nött ut, är det troligtvis ett tecken att pastan formades med en bronsvals (en vals är bara ett annat ord för en pastaform).

Långsamt torkad pasta är trevligast att äta som perfekt al dente – utsökt och med ett lätt segt tuggmotstånd. Det tar längre tid att torka pastan långsamt, vilket är en av anledningarna till att den är dyrare.

KOMBINERA PASTASORTER MED SÅSER

Visste du att det finns mer än 300 olika pastasorter?

Då vi älskar pasta villkorslöst, är vi fast beslutna att det finns en bra anledning till att det finns så många sorter! Först och främst: att välja en pastasort som kompletterar din sås eller dina tillbehör gör stor skillnad för din färdiga rätt.

Vissa pastasorter passar bäst ihop med särskilda ingredienser, medan andra fungerar fint med en mängd olika såser. Generellt sett så passar större sorter bättre ihop med tjocka, matiga såser, medan smala, mer ömtåliga sorter är bra till lättare såser.

Italienarna har spenderat hundratals år på att utveckla pastasorter som ska kunna fånga upp eller in den tillhörande såsen. Tumregeln är att använda långa, släta sorter med oljiga såser (spaghetti, linguine, tagliatelle) där du inte vill fånga oljan. Pastasorter som är bra på att fånga upp sås samt bred, färsk pasta används för att ta fram smakerna i mustiga, tomatbaserade såser (snäckor, rigatoni, fusilli, farfelle). Det är värt att notera att varje form, storlek och sort har en egen optimal kokningstid.

Till lätta, krämiga såser (mandel-, blomkål-, cashew- eller havrebaserade): Lättare såser passar perfekt ihop med längre pastatyper så som fettuccine eller spaghetti. De bär såsen väl och adderar lite textur som kompletterar den tunna, släta såsen.

Till en tomatbaserad sås: Långa, tunna sorter är perfekta här. Såsen passar bra ihop med sorter så som spaghetti, linguine eller änglahår och binds väl ihop med de tunna pastastråna.

Till en grönsaksbaserad sås så som pesto, broccoli eller ärtor: Orecchiette, både små och stora skålformer, är bra att använda till denna typ av sås. Fusilli, cavatappi och rotini fungerar också bra. De bidrar med en fin textur och håller bra ihop med såsen så att du får en perfekt tugga med varje sked.

Till svamp-, jackfrukt- eller linsbolognese: De köttiga bitarna i dessa såser tas enkelt upp av rörformade pastasorter så som penne, bucatini, tubini och tortiglioni. Bitarna tar sig in i rören och pastan är därför perfekt till att bära såsen.

EN LITEN REGIONAL PASTAGUIDE

Den stora variationen av pastasorter beror på olika mattraditioner i olika regioner. Många nationellt kända pastasorter från Italien kommer från samma eller närliggande regioner, som har byggt upp deras rykte. Mängden av pastasorter kan vara förvirrande om man kommer utifrån men italienare och matexperter vet att det handlar om specifika regler. Såser har också sina egna regionala varianter.

Idag måste spaghetti ha en exakt specifik storlek: 35–40 cm lång och mellan 0.7 och 0.9 mm tunn. Har den en annan storlek, är det en annan typ av pasta. Ett exempel är spaghettini, som är tunnare och kan paras ihop med lättare såser och kryddningar.

De flesta forskare anser att Genua är den klassiska spaghettins hemvist, men på senare tid har man lutat mer mot Neapel, som nu har tagit över rollen som hemort.

Numera finns den en traditionell pastahögtid i Neapel, som är hem åt 10% av de italienska pastatillverkarna. Här produceras ungefär 3 miljoner ton pasta per år som sedan exporteras till alla regioner.
Fettuccine är typiskt för Bologna och tillverkas av durumvete. De är platta och breda ihoprullade band. Enligt legenden inspirerades fettuccinin av Venus navel.

Fusillin med dess specifika spiralform kommer från Neapel och det finns en lång och en kort variant. Denna typ av pasta serveras med såser som innehåller mer vätska.

Regionen Emilia-Romagna representeras av garganelli – den enda rörformade pastasorten som är gjord för hand.

Sicilien har artistiskt sett förvärvat hjulpastan – en sorts pasta som är utformad efter det karaktäristiska vagnshjulet.

Det finns också många olika sorters pastasås. Tomatsåser är vanligast i södra Italien där de ofta tillagas på ett kryddigare sätt genom att tillsätta vitlök och starka kryddor. I norra Italien är mildare, vita krämbaserade såser vanligast.

Toscana
Toscana som ligger på den nordvästra halvön, är en av Italiens populäraste regioner på grund av dess vingårdar, böljande kullar och förstås, maten. Att hålla saker och ting enkelt är något som den toskanska mattraditionen är bra på, och kvaliteten över kvantiteten talar för sig själv. Ta till exempel ricotta- och spenatgnudi. Det krävs bara en handfull ingredienser för att skapa de här imponerade, kuddliknande degknytena från Toscana, som även om de inte riktigt är pasta tycks stå sida i sida med en annan italiensk favorit: gnocchi.

Apulien

Apulien kanske inte är Italiens kändaste region när det kommer till mat, men som hem åt både burrata och orecchiette så finns den ändå definitivt med på kartan. I den här regionen som kan skryta med hundratals mil kustlinje mot både det adriatiska och joniska havet, är den huvudsakliga pasträtten orecchiette toppad med gröna bittra blad. (Se "Orecchiette med spirulina- och matchasås samt bittra ostronblad" i den här boken). Ett annat förslag på hur du kan njuta av den här lilla öronformade pastan? En krämig tolkning med rosensallat och valnötter, pesto eller tomater.

Kampanien

Kampanien ligger nära stövelns spets och är ungefär lika känt för sina dramatiska kustlinjer (se Amalfikusten, Vesuvius etc.), som för sin världskända napolitanska mattradition. Från pizza margherita till det snäckformade sfogilatella-bakverket, pasta e fagioli (pasta med bönor) och pasta puttanesca, så variera maten beroende på var i regionen du befinner dig. Men var du än hamnar så är det troligt att du kommer i kontakt med någon utav de två klassiska pastorna ovan.

Emilia-Romagna

Huvudstaden i den här regionen i nordöst är Bologna – hem till världens äldsta universitet och den högt älskade köttfärssåsen ragú bolognese. Även om den här rika regionen är känd för många andra recept och mattraditioner – så som balsamicovinäger och parmigiano reggiano – så tar bolognesen ändå guldmedaljen. När du tar dig tiden och ansträngningen att göra en vegansk version av bolognese, tror vi att du kommer att hålla med oss.

Lazio

Lazio är hem till Italiens huvudstad och har också landets näst största befolkningsmängd. Regionen som befinner sig på den västra sidan nära halvöns center, är att tacka för vår krämiga favoriträtt: cacio e pepe och den kryddiga tomatpastan penne all'arrabbiata.

Ligurien

Den lilla, kurviga halvmånen på Italiens nordvästra kust sägs ofta vara den italienska Rivieran– ett populärt resmål med pittoreska bergsbyar och sandstränder. Peston kommer från Ligurien och lika säkert som att det blåa havet möter husen med terrakottatak vid stränderna, så finns pesto på många av pastatallrikarna i Ligurien

Sicilien

Även om Sicilien, medelhavets största ö, idag tillhör Italien så har ön en lång historia av maktskifte – från grekerna till araberna. Varje region är känd för någonting speciellt, till exempel sötsaker så som cannoli eller granita, och de historiska influenserna syns på hur man till exempel föredrar vissa kryddor och andra rätter än skaldjursrätter. Med det sagt, så hittas olika varianter av rätter så som skaldjurspasta, alla norma (med makaroner, tomat, aubergine, riven ricotta salata-ost och basilika) och arancini (friterande risbollar) i de olika regionerna som finns på ön.

NYTT NORDISKT MÖTER GAMMALT ITALIENSKT

NÖTOSTAR FÖR ATT LYFTA DIN PASTA

Mandelricotta

Ingredienser

250 g skållade och skivade mandlar (kan också göras med cashew- eller macadamianötter)
2 msk näringsjäst
2 msk citronsaft
1 tsk vitlökspulver
1 tsk salt
1 msk mejram

Instruktioner

1. Blötlägg mandlarna i hett vatten i minst en timme. Tillsätt sedan mandlarna tillsammans med vattnet i en blender. Blanda mandlarna och vattnet på hög hastighet tills slätt. Salta efter smak.
2. Lägg ett par lager av ostduk i en finmaskig sil och placera den över en stor skål.
3. Sila mandlarna ovanpå ostduken och låt droppa i ungefär 30 minuter. Samla ihop all mandelmjölk. Slut sedan duken hårt om den kvarvarande mandelmassan så att en boll bildas.
4. Sätt den sedan i en ren skål och låt så och stelna i kylskåpet i minst ett par timmar innan du vecklar ut bollen igen.
5. Ringla över olivolja och krydda med chiliflakes eller mejram.
"Ricottan" är nu färdig att njutas av, särskilt i rätter så som lasagne eller fyllda pastasnäckor.

Den kan dock också slås in i en ostduk och formas till en boll, som du sedan lägger i en finmaskig sil ovan på en bunke i upp till 3 dagar. Detta gör att den kan formas ihop lite extra.

Kultiverad macadamia

Ingredienser

220 g. råa macadamianötter
4 g. acidophilus probiotika
1/3 kopp filtrerat vatten
2 msk näringsjäst
2 msk citronsaft
1/4 msk havssalt
1/2 knippe dill att täcka med

Instruktioner

1. Lägg nötterna i en burk. Täck med varmt filtrerat vatten och stäng locket. Låt vila i rumstemperatur i minst 1 timme. Sätt sedan i kylen i 6 timmar. Denna process aktiverar nötterna och ger också en neutral nötsmak.
2. Lös upp det probiotiska pulvret i lite vatten, ställ åt sidan.
3. Spara 6 msk av nötvattnet. Sila och skölj nötterna.
4. Tillsätt 6 msk nötvatten, de silade nötterna och den upplösta probiotikan i matberedaren. Mixa på hög hastighet tills slätt.
5. För över blandningen till en ostduk. Samla ihop ändarna för att göra en boll och vrid ihop så att överflödig vätska pressas ut.
6. Lägg osten i en dehydrator på 30° C i ungefär 20–24 timmar så att den fermenteras. Håll en medeltemperatur på 25–30° C under 24 timmar.
7. När fermenteringen väl är klar, öppna upp ostduken och ta en ordentlig titt på din ost. Du kommer se att en gulaktig skorpa bildats på toppen. Detta är helt normalt. Finns det dock rosa eller blåaktiga fläckar, är detta ett tecken på mögel. Släng i så fall bort osten och börja om.
8. Om allting ser bra ut, ta ut osten ur duken och lägg den i en skål där du blandar i näringsjäst, citronsaft och salt. Du kan också lägga till andra smaksättare som du gillar.
9. Forma till en stam eller boll på ett bakplåtspapper och sätt i kylen över natten.
10. Det sista steget är att rulla osten i en salt örtblandning. Sprid ut färsk, hackad dill på en platt yta och strö över lite salt.

Lagrad Peppar Jack på mandel

200 g mandlar (skållade och blötlagda över natten)
4g acidophilus probiotika
4-5 msk filtrerat vatten
3 msk näringsjäst
4-5 soltorkade tomater och röd paprika
1 tsk citronsaft
1 tsk lakritssalt (jag använder märket Saltverk, det är en unik sort)
Rökt paprikapulver till att täcka med

Instruktioner:

1. Gör osten enligt receptet på kultiverad macadamia på sida 18.

2. När du når steg 4, tillsätt soltorkade tomater, röd paprika, näringsjäst och blanda sedan väl i matberedaren. Följ resterade process. När osten är klar, täcker du den med paprikapulver och lakritssalt.

3. Även om du kan äta osten redan nästa dag, kan du även lämna den att fermentera i en vecka. Osten kommer att tappa lite vatten varje dag så torka den med hushållspapper om den är för blöt och byt ut bakplåtspappret mot ett nytt. Under de kommande 2 veckorna, vänd på osten varje dag och byt ut bakplåtspappret om det blir för blött. När detta är klart täcker du osten med paprika och lakritssalt. Förvara i kylskåpet.

Veganskt smör

Cultured Milk
Kultiverad mjölk
70 g. råa och blötlagda macadamianötter
150 g. vatten
1 kapsel acidophilus (eller en nypa mesophilickultur)

Cultured Butter
1,2 dl kultiverad cashewmjölk
220 g. neutral kokosolja
60 g. druvkärnolja
1/8 tsk gurkmejapulver till färgsättning
1/4 tsk salt

Instruktioner:

1. Tillsätt de blötlagda nötterna i en blender tillsammans med vattnet och blanda på hög hastighet tills slätt. Skrapa av kanterna då och då.

2. För över till en liten skål och rör i acidophilus-pulvret. Täck med en ren kökshandduk och låt stå i rumstemperatur i minst 24 timmar. Det bör ha en lätt sur smak och du ska kunna se en del luftbubblor.

3. Smält kokosoljan på medellåg värme. Mät upp 1 och 0,6 dl av den smälta kokosnötsoljan och sätt i en blender. Tillsätt en 1,2 dl kultiverad macadamiamjölk, druvkärnolja, salt och gurkmeja. Blanda på hög hastighet i ungefär 1 minut.

4. Täck en liten plåt med bakplåtspapper. Häll i blandningen och lägg i frysen i minst 1 timme, eller tills fast.

5. Väl fast, flytta till kylskåpet. Det kommer att bli mjukare efter ett par timmar. Smöret håller i kylskåpet i upp till 7 dagar.

Cashewburatta

Ingredienser:

50 g cashewnötter, blötlagda i 4 timmar
2 msk tapiokastärkelse
1 msk näringsjäst
1 tsk vitlökspulver
1 tsk salt
1 tsk äppelcidervinäger

Instruktioner::

1. Skölj cashewnötterna väl.
2. Blanda alla ingredienser i en mixer tills väl ihopblandade.
3. Häll ostmassan i en kastrull och värm på medelhög värme under ständig omrörning, tills dess att massan omvandlats till en fast klump.
4. Fyll en stor skål med kallt vatten och iskuber.
5. Ta ut lika stora bollar ur den varma osten med hjälp av en sked eller en glasskopa och låt dem glida ned i isvattnet.
6. Låt mozzarellan kyla i 20 minuter.
7. Passar perfekt tillsammans med olivolja, salt och peppar på rostat bröd eller med pasta.
8. Om den ringlas med olja eller saltas och sedan förvaras i en lufttät behållare, så håller mozzarellan i kylskåpet i 2–3 dagar.

Dehydrerade flingor av solrosparmesan

Ingredienser:

140g. solrosfrö eller cashew (alternativt kan du blanda solrosfrön med mandel)
5 msk näringsjäst
3 msk citronsaft
1 tsk tamari (eller miso)
1 msk äppelcidervinäger
En nypa gurkmejapulver
1/8 tsk paprikapulver (frivilligt)
1/2 tsk rosa himalayasalt
1/2 tsk svamppulver (helst karljohansvamp, portabellosvamp eller shiitake)
1/2 tsk vitlökspulver
5 msk vatten

Instruktioner:

1. Blötlägg nötterna i vatten i 2–3 timmar, skölj, töm och sätt dem sedan i en Blendtec Twister Jar.
2. Tillsätt resterande ingredienser i blendern. Blanda på hög hastighet tills du får en slät blandning.
3. Täck en dehydratorbricka med ett non-stick papper. Bred ut ostmixen så tunt som möjligt med en vinklad palett.
4. Torka i dehydratorn på 42 °C i ungefär 10–12 timmar.
5. När 6 timmar har gått, vänd osten upp och ned på ett nytt non-stick papper. Torka sedan baksidan av osten i ytterligare 6 timmar.
6. När osten är klar, riv eller skär den i små bitar och förvara i en burk.

Enkel cashewparmesan i pulverform

150 g cashewnötter
4 msk näringsjäst
1 tsk salt
1/4 tsk citronpulver

Instruktioner:

Tillsätt alla ingredienser i en blender och blanda tills finmalt. Om du föredrar kan du också lämna kvar några större bitar genom att pulsera tills det är ihopblandat men inte finmalt.

NORDISK OCH ITALIENSK FUSION

SPAGHETTI MED GLÖGGMARINERADE BELUGALINSER & ROTSELLERI

EN SMAK AV NORRA ISLAND

TAGLIATELLE MED GRÖNSAKSBULLAR OCH LINGON

RIGATONI DI LAPLAND

BLÅ CASARECCE MED KUNGMUSSLING OCH BLÅBÄR

SPAGHETTI MED VITKÅL OCH SENAPSSÅS

CONCHIGLIE RIGATE ALFREDO MED MASKROSBLAD

SPAGHETTI MED LAKRITSKANTARELLER

CASARECCE MED KARAMELLISERAD KARLJOHANSVAMP OCH BALSAMICOSÅS

LINGUINE MED CHOKLAD OCH BÄR

GNOCCHI MED SKAGENRÖRA

 FÖR 600 G PASTA

NYTT NORDISKT MÖTER GAMMALT ITALIENSKT

SPAGHETTI MED GLÖGGMARINERADE BELUGALINSER & ROTSELLERI

MARINERAD BELUGA

Belugalinser	65 G
Glögg	2 DL
Vatten	1 DL
Olivolja	2 MSK
Salt	1 TSK

DEKORERING

Färsk timjan, halverade färska körsbär, vegansk parmesan

ÄPPLE SELLERIPURÉ

Morot	45 G
Rotselleri	100 G
Lök	50 G
Rött äpple	100 G
Olivolja	2 MSK
Salt	1 TSK
Färsk timjan	1 ST
Näringsjäst	1 MSK
Limejuice	1 MSK

INSTRUKTIONER

1. Lägg de tillagade belugalinserna i en burk och tillsätt glöggen. Låt stå i kylen i 12 timmar.
2. När tiden har gått, sila linserna över en kastrull och ställ åt sidan.
3. Reducera den sparade glöggen på medelhög värme tills den tjocknar. Ställ åt sidan.
4. Tillsätt en skvätt olja i en stor stekpanna på hög värme och tillsätt belugalinserna, stek igenom tills de får en djup guldbrun färg.
5. Tillsätt ytterligare en skvätt olja i en annan kastrull och addera sedan morot, rotselleri, äpple och lök. Täck med vatten. Koka tills mjukt men utan ytterligare färg och tillsätt sedan lite färsk timjan.
6. När det har mjuknat, häll över i en blender och tillsätt en nypa salt, näringsjäst, limejuice och vatten om det behövs. Blanda till en väldigt slät puré och justera konsistensen med en skvätt lönnsirap (frivilligt) om det behövs. Ställ åt sidan.
7. För över blandningen till en traktörpanna och tillaga tills det börjar puttra. Häll sedan i en djup tallrik.
8. Tillsätt den kokade pastan till glöggsåsen, ringla över olivolja, salta och rör om väl.
9. Placera ovanpå såsen i form av en halvmåne.
10. Toppa med belugalinserna.
11. Dekorera med färsk timjan och halverade körsbär. Servera med vegansk parmesan.

FÖR 250 G PASTA

NYTT NORDISKT MÖTER GAMMALT ITALIENSKT

28

EN SMAK AV NORRA ISLAND

INGREDIENSER

Blötläggda cashewnötter eller macadamia	80 G
Näringsjäst	2 TSK
Olivolja	2-3 MSK
Butterfly pea pulver	1/2 TSK
Gangnam tops, Majilöv	4-5 ST
Citrusjuice	2 MSK
Havsfänkål	3-4 ST
Grönkål	2 ST
Färska blåbär	5-6 MSK
Silverpulver	1 TSK
Krasse (valfri)	4-5
Lila basilika blommar	FÖR ATT DEKORERA
Salt och peppar	FÖR ATT SMAKA

INSTRUKTIONER

Tillaga sås och pasta samtidigt för att undvika att pastan blir för mjuk medan den vilar.

1. Koka pastan al dente, spara en stor kopp pastavatten till att senare blanda i såsen. Tillsätt en matsked olivolja och rör om pastan. Strö över lite salt och ställ åt sidan.
2. Tillsätt blötlagda cashewnötter, citronsaft, näringsjäst, 1/2 tsk salt, butterfly pea-pulver och 1 dl vatten i en höghastighetsblender. Blanda på hög hastighet tills silkeslent.
3. Häll blandningen i en kastrull och tillsätt 1 msk olivolja. Koka på låg värme tills det börjar puttra. Tillsätt mer vatten och olivolja om såsen behöver tunnas ut.
4. Hetta upp 1 msk olivolja i en stor traktörpanna och tillsätt sedan 2–3 stora grönkålsblad. Stek till krispiga och ställ åt sidan.
5. Täck färska blåbär med silverpulver, sätt åt sidan.
6. När såsen är klar, häll i en stor, djup tallrik. Lägg de stora, krispiga grönkålsbladen på tallrikens högra sida.
7. Lägg pastasnäckor ovanpå grönkålsbladen.
8. Tillsätt blåbärspärlorna i snäckorna.
9. Blanda glasört och majii-blad lätt med olivolja. Lägg på tallriken.
10. Dekorera med gangnam-toppar och lila basilikablommor.

TAGLIATELLE MED GRÖNSAKSBULLAR OCH LINGON

GRÖNSAKSBULLAR

Rostad blomkål	130 G
Kokt quinoa	130 G
linfröägg	2
Hackad rödlök	100 G
Svartpeppar	1/2 TSK
Vitlöksklyftor	5 STORA
Bröd smuler GF*	140 G
Chiliflingor torkad	1/2 TSK
Salt	1 TSK
Olivolja	2 MSK

VIT SÅS

Vegansmör	3 MSK
Havremjöl	130 G
Grönsaksbuljong	4,7 DL
Oat creme fraiche	250 ML
Tamari**	2 MSK
Dijon senap	1/2 TSK
Svartpeppar	140 G
Chiliflingor torkad	1/4 TSK
Persilja	3 MSK
Salt	FÖR ATT SMAKA

INSTRUKTIONER

VEGANSKA GRÖNSAKSBULLAR

1. Förvärm ugnen till 220 ° C. Skär av blomkålsstammen och skär blomkålen till jämnstora buketter. Ringla över en tesked med olja. Rosta blomkålen i ugnen i 15 minuter. Ta ut och låt svalna i ett par minuter.

2. Lägg den sedan i en matberedare och pulsera tills ett blomkålsris bildas. Ta ut ur matberedaren. Du behöver bara 2,36 dl till detta recept och 225 gram bör ge ungefär 2,36 dl.

3. Tillsätt 2,36 dl blomkålsris och resterande köttbullsingredienser i matberedaren. Du kan pulsera eller mixa dem tills de formar en fast boll. Se till att det är väl ihopblandat och att du inte kan se några individuella bitar blomkål eller quinoa, det ska vara fullständigt mixat. På detta sätt ser du till att köttbullarna håller ihop.

4. Hetta upp olivoljan i en stekpanna över medelhög värme. Medan den värms upp, använd en matsked av blandningen per köttbulle och forma till en boll med dina fingrar. Du kan lägga dem på en tallrik medan oljan värms upp.

5. Tillsätt en köttbulle för att testa oljan. Stek varje sida i ungefär 1–2 minuter tills att bullarna är genomstekta både på ut- och insidan, ungefär 4 minuter totalt. Du kan sedan tillsätta så många köttbullar som ryms i stekpannan men inte så många att den blir överfull. Stek i ungefär 4–5 minuter och vänd på dem så att de genomsteks på alla sidor.

6. Stäng av värmen. Förbered såsen, antingen i den här stekpannan efter nedkylning eller i en separat stekpanna där du sedan tillsätter köttbullarna enligt såsens instruktioner.

*Gluten-free

** Börja med 1 matsked tamari och tillsätt mera om du tycker att det behövs. Tänk också på att om du inte använder lättsaltad soja eller tamari, kommer det att bli saltare. Justera därför saltmängden därefter.

FÖR 400 G PASTA

VIT SÅS

1. Smält det veganska smöret på medelvärme i en stekpanna. Tillsätt sedan havremjölet och vispa livligt tills att det kombineras med smöret fullt ut och inte innehåller några klumpar, så att en redning bildas. Låt det tillagas i ungefär 2 minuter för att få bort eventuell mjölsmak.

2. Häll långsamt i grönsaksbuljongen under vispning, tills att en slät sås bildas. Tillsätt sedan den havrebaserade matlagningsgrädden medan du vispar så att den blandas in helt och hållet.

3. Tillsätt tamari, senap, svartpeppar och 1 matsked av persiljan. Blanda, smaka av och tillsätt salt efter smak.

4. Ta såsen från plattan och tillsätt köttbullarna. Rör långsamt om så att de täcks. Garnera sedan med resten av persiljan och servera med pasta och lingon.

FÖR 250 G PASTA

NYTT NORDISKT MÖTER GAMMALT ITALIENSKT

32

RIGATONI AV LAPLAND

Detta recept är en färggrann fusion av italienska och nordiska influenser. Den välsmakande blandningen av grönkål, basilika och ärtor ger en ovanlig pesto som du kommer att vilja använda dig av gång på gång, på grund av dess unika och ovanliga smak. Serverad med en lila puré, krispiga murklor, ringlad olivolja och ett snötäcke av vegansk parmesan, är detta en underbart sofistikerad pastaförrätt.

GRÖNKÅLSPESTO

Grönkål	50 G + MER FÖR GARNERING
Valnötter	20 G
Färsk basilika	25 G
Vitlöksklyftor	1/2
Olivolja	4 MSK
Ärtor	40 G
Näringsjäst	1 MSK
Salt	1 TSK
Lökblad	FRÅN 1 LÖK
Vatten	3-4 MSK

LILA POTATISPURÉ

Blå kongo	50 G
Rödlök	1 ST
Citronjuice	1 MSK
Mandelmjölk	4 MSK
Salt	1 TSK
Olivolja	2 MSK
Morel svamp	30 G
Silverpulver	ATT BORSTA SVAMPAR

INSTRUKTIONER

1. Om du använder torkade murklor, lägg dem i en skål och täck med varmt vatten så att de blöts upp. När de mjuknat, töm och skölj väl och ställ sedan åt sidan.
2. För att göra grönkålspeston tillsätter du allt förutom olja och ärtor i en matberedare. Blanda lätt så att de blandas ihop, tillsätt sedan lite av oljan i taget under blandning tills väl ihopblandat.
3. Tillsätt ärtorna och pulsera enbart en aning så att de lätt blandas ihop med peston och lite textur bibehålls. Ställ åt sidan tills redo att serveras.
3. Hetta upp olivolja i en stor stekpanna, tillsätt lök och stek tills den mjuknar.
5. Koka den blå kongon tills att den mjuknat.
6. Tillsätt sedan löken och den blå kongon i din blender tillsammans med citronsaft, salt, olivolja och mandelmjölk. Blanda väl tills slätt. Om det är för tjockt, tillsätt i så fall mer mandelmjölk eller enbart vatten. För över till en spritspåse. Sätt åt sidan.
7. Under tiden, sätt murklorna i en stekpanna och stek på hög värme tills krispiga och strö sedan över lite salt. Sug upp eventuell överbliven olja med ett hushållspapper.
8. Pensla grönkålen med lite olja och stek i en stekpanna med olivolja till dess att bladen blivit krispiga. Krydda med lite salt.
9. För att servera, dekorera med purén av blå kongo genom att göra små toppar på tallrikarna. Värm grönkålspeston med lite pastavatten tills att det puttrar. Blanda sedan grönkålspeston med den kokta pastan och dela upp på tallrikarna genom att göra en liten trave så som på bilden.
10. Strö rödlöksblomblad och stekta murklor på tallriken och toppa sedan med de krispiga grönkålsbladen. Garnera genom att ringla med olivolja och strö över vegansk parmesan.

BLÅ CASARECCE
MED SVART TRUMPETSVAMP OCH BLÅBÄR

TRUMPETSVAMP

Svart trumpetsvamp	40 G
Rödlök	1 ST
Vitlök	4 ST
Salt	1/2 TSK
Pastavatten	1,2 DL
Olivolja	2 MSK

BLÅBÄR

Blåbär	3 MSK
Citronjuice	2 MSK
Silverpulver	1 TSK

BLÅ PASTA

Butterfly pea-pulver	1 TSK
Pastavatten	1,2 DL
Olivolja	1 MSK
Salt	1/2 TSK

INSTRUKTIONER

1. Blötlägg torkad svart trumpetsvamp eller borsta av ordentligt om du använder färsk svamp.
2. Skär i småbitar. Tillsätt i en het stekpanna med olivolja. Lägg till hackad lök och vitlök. Stek på hög värme i 3–4 minuter. Salta efter smak. Vi vill att de ska vara krispiga, så om de ser mjuka ut, stek i ytterligare 2–3 minuter.
3. Tvätta och skölj blåbären och sätt dem sedan i en liten stekpanna och tillsätt 1 msk citronsaft. Tillaga på låg värme tills att de blir puffiga. Ta sedan bort från plattan. Ställ åt sidan.
4. Tillsätt 1 msk olivolja, 1,2 dl pastavatten, salt och butterfly pea-pulver i en kastrull. Blanda väl. Tillaga på medelhög värme tills det börjar puttra.
5. Blanda sedan i pastan på hög värme i 20–30 sekunder.
6. Dela upp på tallrikarna. Lägg svampen ovanpå.
7. Täck blåbären med silverpulver för att göra dem glänsande om så önskas och lägg på tallriken.
8. Servera med vegansk parmesan om så önskas.

FÖR 250 G PASTA

FÖR 250 G PASTA

SPAGETTI MED VITKÅL OCH SENAPSÅS

INGREDIENSER

Vitkål	1/4 STORA
GF näringsjäst	4 MSK
Vitlöksklyftor	4-5
Extra virgin olivolja	3-4 MSK
Salt	1 TSK
Vegansk parmesan	2 MSK
Röda chiliflingor	FÖR GARNERING
Senap	3 MSK
Kapris	FÖR GARNERING

INSTRUKTIONER

1. Dela vitkålen itu. Skär den sedan med den platta sidan nedåt, skiva så tunt som möjligt fram till stammen, som om du gjorde coleslaw. Släng bort stammen.

2. Värm upp 1 msk olja i en stor traktörpanna eller en kastrull med tjock botten på medelhög värme. Tillsätt vitkålen, salt och peppar och stek i 8 till 10 minuter. Rör om då och då, tills vitkålen har mjuknat och börjar bli brun i färgen. Ta sedan bort från plattan och sätt åt sidan.

3. Tillsätt salt, senap, citronsaft och olivolja i en liten skål. Vispa ihop för att göra dressingen. Spara 2 msk av dressingen till senare användning. Häll resterande dressing över vitkålen och blanda väl.

4. Tillsätt sedan den kokade pastan i traktörpannan och blanda ihop med vitkålen.

5. Dela upp pastan mellan tallrikarna. Häll senapssås ovanpå. Strö över lite chilipeppar och vegansk parmesan.

6. Dekorera med kapris och servera direkt.

FÖR 300 G PASTA

CONCHIGLIE RIGATE ALFREDO MED MASKROSBLAD

INGREDIENSER

Blomkål	160 g
Maskrosblad	2,5 dl
Näringsjäst	1 msk
Tamari	1 msk
Lök	1 st
Vitlöksklyftor	2-3
Pastavatten	3,5 dl
Olivolja	3 msk
Salt	1 tsk
Lagerblad	2
Chilipeppar	1/4 tsk
Ärtor	2-3 msk

INSTRUKTIONER

1. Värm upp oljan i en mellanstor kastrull på medelhög värme. Tillsätt löken och låt den stekas i 3–4 minuter tills att den är mjuk.

2. Tillsätt hackad vitlök och paprikaflingor, stek tills guldbrunt. Tillsätt blomkålen och 2.36 dl pastavatten i kastrullen, täck med ett lock och låt blomkålen ångas i 5 minuter, eller tills att du enkelt kan spetsa den med en gaffel.

3. För över blomkålen och resterande innehåll i kastrullen till en blender och tillsätt 2,36 dl pastavatten, blanda tills slätt. Tillsätt resterade ingredienser (börja med 1 matsked näringsjäst och tamari, samt 1 tesked salt) och blanda igen. Smaka av och tillsätt mer näringsjäst och havssalt om du vill. För över blandningen till en kastrull, tillsätt lagerblad och tillaga på låg värme i 5–6 minuter. Ta sedan bort lagerbladen.

4. Använd såsen på en gång eller förvara den i en mason jar i glas tills att du är redo att använda den. När du är redo, häll såsen i en kastrull för att värma upp den. När den är uppvärmd, blanda ihop med pastan och servera med en gång.

5. När du är redo att servera pastan: tillsätt maskrosbladen i en traktörpanna och tillaga under omrörning tills att de börjar sloka, 1 till 2 minuter. Blanda i blomkålsalfredon och salta och peppra efter smak. Håll varm på låg värme.

6. Servera med lite ärtor om så önskas.

SPAGHETTI MED LAKRITS OCH KANTARELLER

INGREDIENSER

Kantareller *	12 ST
Enbär ** eller lingon	12-14 ST
Lakritsalt av Saltverk	EN NYPA
Olivolja	3 MSK
Träsorrel eller persilja	1/2 ST
Tomatpuré	1 MSK
Vitlöksklyftor skivade	4
Himalayasalt	1 TSK

INSTRUKTIONER

1. Blötlägg enbären eller lingonen.
2. Stek kantarellerna tillsammans med 1 msk olivolja i en het panna på hög värme i 3–4 minuter. Salta med lakritssaltet efter smak. Vi vill ha kantarellerna väldigt krispiga så om de ser mjuka ut, stek i ytterligare 2–3 minuter tills att de blir bruna.
3. Sila bären och sätt dem i en liten kastrull, tillsätt 1 msk chiafrön. Tillaga på låg värme tills att du får en geléliknande konsistens. Ta sedan bort från plattan. För över till en spritspåse och lägg den i kylskåpet medan du gör pastan.
4. Tillsätt 2 msk olivolja, tomatpuré, salt och 4–5 msk pastavatten. Tillaga på låg värme tills det börjar puttra.
5. Blanda sedan ihop med pastan på hög värme under 20–30 sekunder.
6. Dela upp mellan tallrikarna. Lägg kantareller ovanpå.
7. Garnera med lingonsylten genom att göra små cirklar runt om på tallriken.
8. Toppa med färsk persilja eller harsyra och servera.

*Chanterelles grow in the southern part of Sweden. They are hard to find, but can be located in coniferous forests or a mixed forest. The cap is smooth, delicate, and gold-orange with irregular, uneven edges that are thick, blunt, and taper down. Underneath the cap, the gills have forked ridges with blunt edges and these ridges run down the matching gold-orange, firm, thick, and solid stem.

**Juniper berries grow all over Sweden. They are usually found in areas exposed to the sun, for example heaths or pens. They are collected from small juniper trees or juniper bushes. It has needle-like leaves in whorls of three; the leaves are green, with a single white stomatal band on the inner surface. The berries are initially green, ripening in 18 months to purple-black with a blue waxy coating.

FÖR 300 G PASTA

CASARECCE MED KARAMELLISERAD PORCINI & BALSAMSÅS

INGREDIENSER

Porcini	30 G
Balsamvinäger	1 DL
Tamarind	1 MSK
Agave eller lönnsirap	1 MSK
Krossad röd paprika	1/2 TSK
Vitlöksklyftor	2 ST
Rödlök	1 ST
Extra virgin olivolja	3 MSK
Salt	1/2 TSK
Färsk rosmarin	FÖR SERVERING
Granatäpple	FÖR SERVERING

INSTRUKTIONER

1. Koka upp en stor kastrull med vatten och koka pastan enligt förpackningens instruktioner. Spara lite pastavatten till senare användning.
2. Tillsätt olivolja i en stor stekpanna på hög värme. Tillsätt svampen och stek tills kanterna börjar karamelliseras, omkring 5 minuter.
3. Tillsätt vitlöken och löken, stek i 30 sekunder upp till 1 minut eller tills väldoftande. Ta ut svampen samt löken och vitlöken ur pannan och lägg på en tallrik.
4. I samma stekpanna tillsätter du sedan balsamvinäger, olivolja, tamarind, agave och krossade paprikaflingor. Koka upp på medelhög värme och sjud i 5–8 minuter eller tills att balsamikon reduceras till omkring 1/3 och är klibbig vid beröring.
5. Sänk värmen till låg och rör i pastan och svampen. Blanda så att det täcks, om såsen verkar för tjock kan den tunnas ut med lite av pastavattnet. Salta och peppra efter smak.
6. Servera pastan direkt, garnerad med färsk mandelgrädde, rosmarin, vegansk ost och granatäpplekärnor om så önskas.

FÖR 260 G PASTA

43

FÖR 100 G PASTA

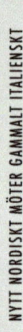
NYTT NORDISKT MÖTER GAMMALT ITALIENSKT

LINGUINE MED CHOKLAD & BÄR

INGREDIENSER

Mörk choklad	40 G
Björnbär	20 G
Blåbär	20 G
Jordgubbar	30 G
Balsamvinäger	1 MSK
Kokossocker	2 MSK
Kokosgrädde	2 MSK

INSTRUKTIONER

1. Tillsätt bär, kokossocker och balsamvinäger i en kastrull och koka på medelhög värme under lätt omrörning tills sockret löses upp.

2. Koka upp under 1 minut. Sänk sedan värmen och tillsätt vanilj. Sjud i ungefär 8–10 minuter tills du får en tjock sirap

3. Ta bort från plattan, ställ åt sidan.

4. Koka din pasta al dente, ställ åt sidan.

5. Smält försiktigt chokladen genom att använda ett vattenbad. När den är helt smält, tillsätt 3–5 msk pastavatten och 2 msk kokosgrädde och rör om på låg värme under 20–30 sekunder.

6. Blanda chokladen med pastan, toppa med bärsirapen.

7. Dekorera med chokladbitar och violblommor, ringa över kokosgrädde om så önskas. Servera direkt!

FÖR 200 G PASTA

NYTT NORDISKT MÖTER GAMMALT ITALIENSKT

GNOCCHI MED SKAGENRÖRA

Skagenröra är en traditionell svensk räksallad. Namnet på delikatessen kommer från hamnstaden Skagen i norra Danmark. Sedan andra världskriget, är den en svensk mattradition som används vid särskilda tillfällen. Originalreceptet innehåller räkor och rom men jag har bytt ut dessa mot saltad, fast havretofu och tångcaviar, vilket gör att texturen bevars samtidigt som receptet blir veganskt. Den krämiga salladen med färsk dill och citron innehåller också mastigare ingredienser så som majonnäs, vilket leder till en fin kombination av fräscha och lätta smaker. Tänk dig pasta med crème fraiche. Detta är ett recept på en kall pastasås. Du kan blada den med pasta eller ha den som pålägg på hårdbrödsmackor.

INGREDIENSER

Havre tofu (eller sojatofu)	250 G
Salladslök hackad	1 ST
Färsk dill	1/4 ST
Vegansk tångkaviar	50 G
Nori hackad	1 MSK
Citronjuice	1 MSK
Vegansk majonnäs	1,2 DL
Vegansk creme fraiche	1,2 DL
Salt och peppar	FÖR ATT SMAKA
Oyster blad, vit viola, gangnam tops, daikon cress, kapris & vegansk parmesanpulver	FÖR SERVERING

INSTRUKTIONER

1. Smula isär havretofun i en skål (alternativt kan du använda sojatofu) med hjälp av en gaffel. Om du vill att bitarna ska påminna om räkor, gör dem ganska små men se till att det finns kvar lite tuggmotstånd. Om du vill ha en slät textur kan du mixa dem i en blender tillsammans med en skvätt vatten.
2. Tillsätt den hackade löken i skålen tillsammans med en generös mängd salt och blanda ihop. Vi vill att tofun ska vara salt så att receptets havssmak bevaras.
3. Tillsätt sedan resterande ingredienser, krydda med svartpeppar och mer salt om det behövs och blanda ihop ordentligt. Om du vill så kan du förvara skagenröran i kylen i några timmar eller över natten, för att smakerna ska få gifta till sig. Du kan också blanda med pastan direkt och servera med färsk dill.

FÖR 300 G PASTA

NYTT NORDISKT MÖTER GAMMALT ITALIENSKT

JULAFTONSTAGLIATELLE MED KASTANJENÖT OCH OSTRONSKIVLING

INGREDIENSER

Ostronsvamp	250 G
Kastanjer hackade	100 G
Tranbär	2 MSK
Kokosgrädde	200 ML
Olivolja	1 MSK
Vitlök hackad	2 ST
Schalottenlök hackad	3 ST
Salt	1 TSK
Vegansk parmesan	4 MSK
Färsk persilja	FÖR SERVERING
Muskot	FÖR SERVERING

INSTRUKTIONER

1. Hetta upp olja i en stekpanna på hög värme, tillsätt svampen, krydda generöst och stek tills djupt gyllene och vätskan har avdunstat. Tillsätt de tillagade och hackade kastanjenötterna samt tranbär och stek i en minut eller två. Sätt åt sidan.

2. Stek vitlök och schalottenlök i en stor kastrull tillsammans med olivolja i ett par minuter tills inte längre råa. Tillsätt kokosmjölk och koka upp. Sjud i 2–3 minuter. Tillsätt sedan parmesanosten och salta och peppra efter smak. Om såsen är för tjock, tillsätt lite mer kokosmjölk eller pastavatten tills att den tunnas ut till önskad konsistens.

3. För att kombinera allting, blanda i pastan i såsen och tillsätt ungefär 0,6dl av det stärkelserika pastavattnet för att lösa upp en aning. Rör i svampen, kastanjenötterna och tranbären, smaka av ytterligare en gång och justera med salt och peppar om det behövs. Strö sedan över färskmalen muskotnöt och persilja. Servera direkt.

Tips: Andra ingredienser som passar bra ihop med dessa: lättstekt spenat, rucolasallad, kapris, lingon, tryffelolja, rostade pinjenötter.

ENS KUNSKAP GÖR VÄRLDEN MENINGSFULL, OCH DEN HÄR MENINGSFULLHETEN FÅR EN ATT SKYDDA OCH BEVARA DET STÖRRE SYSTEMET SOM VI ALLA ÄR EN DEL AV.

RÖDA SÅSER

SPAGHETTI MED HABANEROSÅS

PASTA ALLA PUTTANESCA

SPAGHETTI MED GRILLAD INGEFÄRSTOMAT

MAFALDINE MED FÄNKÅL- OCH MOROTSSÅS SAMT RÖD SHISO

SPAGHETTI PUTTANESCA MED ANSJOVISSÅS

PENNE ALL-ARRABBIATA

ORECCHIETTE MED RÖDBETSGRÄDDE OCH BURATTA

SPAGHETTI MED ÄRTBOLOGNESE

TAGLIATELLA ALLA VODKA

PENNE MED RÖDKÅL OCH BALSAMICOROSTAD LÖK

HOW TO MAKE MARINARA FOR CANNING

SPAGETTI MED HABANEROSÅS

INGREDIENSER

Morot	1 ST
Porcinibuljong eller grönsaksbuljong	0,6 DL
Vitlök	1 TSK
Lök	1 ST
Chili pulver	1/2 TSK
Olivolja	2 MSK
Havssalt	1 TSK
Tomatpuré	1 MSK
Paprika	2 ST
Basilika, amaranth, ärt & broccoli microgreens, hampa skalade	FÖR SERVERING

INSTRUKTIONER

1. Rosta röd paprika och morot i ugnen på 180° C tills gyllenbrunt. Ta sedan ut ur ugnen och låt svalna i 15 minuter.

2. Skiva löken och vitlöken i tunna strimlor, hetta upp en stekpanna med olivolja och tillsätt sedan i stekpannan. Stek tills gyllenbrunt.

3. Tillsätt sedan lök och vitlök i en blender tillsammans med ugnsrostad paprika och morot. Tillsätt grönsaksbuljong, salt och chili. Blanda väl tills du får en slät blandning.

4. För över till en kastrull, om den är för tjock så tillsätt lite pastavatten. Tillaga på medelhög värme tills att den puttrat och är tjock nog. Tillsätt ytterligare en matsked olivolja om det behövs.

5. Tillsätt 2–3 msk med sås i en stor och djup tallrik. Med hjälp av en gaffel, snurra en servering pasta i en soppslev för att få till det perfekta snurret. Placera sedan försiktigt på tallriken.

6. Dekorera med skalade hampafrön, färsk basilika och groddar om så önskas.

FÖR 200 G PASTA

FUSULLI ALLA PUTTANESCA

INGREDIENSER

Kalamataoliver	1,2 DL
Kapris	3 MSK
Konserverade tomater	200 G
Tomatpuré	1 MSK
Olivolja	2-3 MSK
Vitlöksklyftor hackade	3-4
Salt	1 TSK
Paprika	1 TSK
Vegansk parmesan	FÖR SERVERING
Lila basilika blomma	FÖR GARNERING

INSTRUKTIONER

1. Stek vitlök och paprikaflingor med olja i en ordentlig stekpanna på medelhög värme. Rör om då och då, tills väldoftande och lätt gyllene, ungefär 2 minuter.

2. Tillsätt sedan tomatpuré, oliver och kapris och till oljan med vitlök och stek ihop, rör om då och då. Sänk sedan värmen tills att såsen puttrar. Sjud väldigt lätt i 40–45 minuter under omrörning, tills att såsen tjocknat. När såsen har sjudit i 30 minuter, fyll en stor kastrull till hälften med pastavatten.

3. När du kokat pastan efter smak, spara 3 matskedar av vattnet i en skål, häll sedan pastan i ett durkslag och sätt tillbaka i kastrullen.

4. Tillsätt hälften av såsen till pastan och rör sedan i det sparade pastavattnet. Rör försiktigt om tills att pastan täcks av såsen. Krydda efter smak.

5. För att servera, för över pastan med såsen till ett uppvärmt uppläggningsfat och häll sedan över den kvarvarande såsen. Ringla över en matsked olja och garnera med persilja, om du önskar. Servera direkt. Strö över basilikablommor och vegansk parmesan.

Tips:
1. Att tillaga tomatsåsen i 45 minuter förstärker verkligen smaken, försök därför att inte stressa med den här rätten. Om såsen blir för tjock innan dess, tillsätt en skvätt kokande vatten och fortsätt att tillaga.
2. Använd vilken pastasort du vill till det här receptet – se bara till att kvantiteten är densamma.
3. För att göra en uppläggning, häl en matsked sås i mitten av tallriken. Gör sedan ett stänk med baksidan av skeden. Upprepa processen om det behövs. Lägg lite pasta ovanpå såsen. Strö över vegansk parmesan och färsk basilikablomma.

FÖR 250 G PASTA

FÖR 200 G PASTA

NYTT NORDISKT MÖTER GAMMALT ITALIENSKT

SPAGHETTI MED GRILLAD INGEFÄRSTOMAT

Den bästa pastan börjar ofta med en enkel bas, fylld med ingredienser som chili, parmesan och örter. Denna pasta följer modellen, men lite ingefära tillsats ger skålen en oväntad värme och livfullhet.

INGREDIENSER

Tomater	300 G
Lagerblad	1 ST
Vitlöksklyftor	1-2 ST
Fräsch ingefära riven	10 G
Röd chilipeppar	1/4 TSK
Extra virgin olivolja	3-4 MSK
Vit balsamvinäger	20 G
Vegansk parmesan	FÖR SERVERING
Salt	FÖR SMAK
Krasseblomblad	FÖR GARNERING

INSTRUKTIONER

1. Börja med att dela tomaterna i hälften och gröp ur fruktköttet och lägg i en skål. I den här saftiga läckerheten, tillsätter du sedan olivolja, färsk och riven ingefära, pressad vitlök, färska örter, ett tunt skivat lagerblad, salt, peppar och balsamvinäger. Använd dig helst av ett färskt lagerblad och vit balsamvinäger, men du kan också byta ut mot dina favoriter om du föredrar. Mosa ingredienserna med en sked eller gaffel för att blanda ihop. Ställ åt sidan.

2. Strö lite salt över tomathalvorna samt ringla över lite olivolja. Grilla tomaterna med skinnsidan uppåt på medelhög värme.

3. När de har tillagats i ungefär 10 minuter, vänd på dem, tillsätt tomatblandningen och strö socker över tomaterna för att få till en söt, balanserad smak. Täck grillen med locket. Titta till dina tomater med jämna mellanrum för att se till att de inte bränns. Se bara till att låta dem tillagas långsamt tills att de ser ut precis som du vill ha dem.

4. Under tiden, tillaga pastan al dente i en stor kastrull med kokande och saltat vatten (8–10 minuter). Töm och spara lite pastavatten.

5. Tillsätt pastan i tomatsås och blanda för att täcka, häll i lite undansparat pastavatten för att mjuka upp. Ringla med extra virgin olivolja och servera med parmesan, samt dekorera med krasseblomblad om så önskas.

FÖR 250 G PASTA

NYTT NORDISKT MÖTER GAMMALT ITALIENSKT

60

MAFALDINE MED FÄNKAL- OCH MOROTSSÅS SAMT RÖD SHISO

INGREDIENSER

Morötter	3 ST
Vin tomater	250 G
Fänkålslök skivad	1/2
Näringsjäst	2 MSK
Vitlöksklyftor	3 ST
Extra virgin olivolja	3 MSK
Salt	2 TSK
Röd Shiso	FÖR GARNERING
Krasseblommor	FÖR GARNERING
Chiliflingor	FÖR GARNERING

INSTRUKTIONER

1. Förvärm ugnen till 200 °C. Klä en bakplåt med bakplåtspapper.

2. Placera tomaterna, morötterna och fänkålen (spara fänkålsbladen till att dekorera tallriken) på bakplåten och krydda med 1 tesked havssalt.

3. Ringla över rikligt med olivolja, se till att grönsakerna ligger i ett jämnt lager, med den skurna sidan nedåt så att alla bitar rör vid plåten. Sätt sedan i ugnen.

4. Rosta tills att tomaterna blivit skrynkliga och tappat sin saft och morötterna har mjuknat, ungefär 30 minuter. Ta ut plåten ur ugnen.

5. Under tiden, koka upp saltat vatten i en stor kastrull. Koka pastan enligt instruktionerna på förpackningen. Spara 2,36dl stärkeserikt pastavatten och häll sedan i ett durkslag.

6. För över grönsakerna till en höghastighetsblender och tillsätt näringsjäst samt 2,36 dl pastavatten och blanda tills slätt. Tillsätt mer vatten om det behövs.

7. Dela upp pastan i skålar och garnera med röd shiso, fänkålsblad, röda krasseblommor, paprikaflingor och olivolja. Servera direkt.

SPAGHETTI PUTTANESCA MED ANSJOVISSÅS

INGREDIENSER

ANSJOVISPURÉ

100 ml grönsaksbuljong

1 msk lätt sojasås

1 msk kapris brine

1 msk shiitakepulver

1 tsk vegansk worcestershire sås

2 msk vätska från fermenterad tofu

1/2 tsk vitlökspulver

0,7 g kombu

1 msk näringsjäst

1 msk miso

3 lagerblad

2 msk olivolja

PUTTANESCASÅS

4 msk olivolja

900 g hela skalade italienska tomater med sina juicer

3 vitlöksklyftor

3 msk ansjovispasta

1/4 tsk krossad rödpeppar

1 msk tomatpuré

En nypa kokossocker

1 msk kapris

0,6 dl gröna oliver

Salt och nymalt peppar

20 g färsk basilika

INSTRUKTIONER

1. Koka lätt upp alla vätskor samt vitlök, kombu, näringsjäst, miso och lagerblad, minska värmen för att sjuda, täck och sjud i 5–6 minuter.

2. Ta bort från plattan och låt vila under lock i 20 minuter.

3. Sila över en blender och tillsätt resterande ingredienser förutom shiitake och blanda tills slätt.

4. Häll tillbaka i kastrullen och koka upp till en kraftig sjudning under omrörning, vispa eller rör i shiitakepulvret tills ihopblandat och sjud i ungefär 2 minuter.

5. Häll tillbaka i blendern och purea tills slätt. Häll sedan i en ren burk och låt kyla innan du förvarar den i kylen eller frysen.

6. Den håller minst 2 veckor i kylen, eller upp till ett år i frysen.

1. Hetta upp oljan i en stor kastrull. Tillsätt vitlök, ansjovispuré och krossade paprikaflingor och stek på medelhög värme. Rör om då och då tills gyllene, ungefär 5 minuter.

2. Tillsätt tomatpurén och tillaga under omrörning i 1 minut. Tillsätt de konserverade tomaterna tillsammans med deras juice.

3. Rör i socker, basilika, oliver och kapris. Krydda med salt och peppar och koka upp. Sjud såsen på låg värme och rör om då och då, tills att den tjocknar och reduceras till 7,1 dl ungefär 30 minuter.

4. Salta och peppra igen. Ta ut basilikan och vitlöken.

5. Blanda med din pasta. Dekorera med färsk timjan och gröna oliver om så önskas!

Såsen kan förvaras i kylskåpet i upp till 3 dagar.

FÖR 350 G PASTA

PENNE ALL-ARRABBIATA

INGREDIENSER

Vitlöksklyftor	3 ST
Olivolja	4 MSK
En liten färsk chili eller torkade flingor	1 TSK
San Marzano-tomater	400 G
Färsk basilika	20 G
Salt	1 TSK
Rödvinsvinäger	1/4 TSK (VALFRI)
Vegansk parmesan	FÖR SERVERING

INSTRUKTIONER

1. Börja med att värma upp en matsked olivolja på låg värme i en kastrull och mjuka försiktigt upp den finhackade vitlöken. Då detta inte tar lång tid, var försiktig. Du vill inte att vitlöken ska få någon färg då den i så fall tillsätter en bitter smak till såsen.

2. Tillsätt chili flakes i oljan, värm i 10 sekunder och tillsätt sedan de konserverade tomaterna.

3. Reducera på låg värme i 10–15 minuter tills såsen har tjocknat. Smaka av och tillsätt salt eller en skvätt rött vin om det behövs.

4. Tillsätt penne i en kastrull kokande, väl saltat vatten och koka tills al dente.

5. När pastan väl kokats al dente, häll i ett durkslag och tillsätt i såsen, rör om så att pastan täcks ordentligt.

6. Servera på en gång och garnera med färsk basilika.

Arrabbiata är en av de enklaste och mest välkända såserna och innehåller enbart tomater, vitlök och torkad röd chili. Rätten sägs komma från Lazio och serveras vanligen med penne då fårorna och hålen i pastan bär upp såsen särskilt väl. Namnet översätts till 'arg', vilket är en referens till såsens hetta men du kan enkelt justera mängden chili utefter din egen smak. Vilken pastasort du än använder, se till att koka den al dente, tillsätt sedan till den varma kastrullen med tomatsås och låt tillagas tillsammans den sista stunden. Detta ser till att såsen verkligen täcker pastan snarare än att ligga ovanpå den.

FÖR 400 G PASTA

ORECCHIETTE MED RÖDBETSGRÄDDE OCH BURATTA

INGREDIENSER

Rödbeta	150 G
Aquavit eller vodka	3 MSK
Mandelmjöl	5 MSK
Mandelmjölk	250 ML
Vitlöksklyftor	4 ST
Citron juice	3 MSK
Rosa Himalayasalt	2 TSK
Extra virgin olivolja	4 MSK
Chilipeppar	FÖR SERVERING
Gräslök & timjan	FÖR SERVERING
Vegan Buratta eller Ricotta	FÖR SERVERING

INSTRUKTIONER

1. Skala en 300g rödbeta med en grönsaksskalare. Tvätta väl, töm och dela i fyra bitar. Lägg i en skål och ringla över 1 msk olivolja, 1 msk vodka och strö över rosa himalayasalt. Massera in väl.
2. Lägg bakplåtspapper i en ugnsplåt. Lägg betorna på plåten. Häll över resteräde vätska från skålen över betorna.
3. Förvärm ugnen till 200 °C. Rosta betorna i ugnen tills gyllenbruna.
4. Värm en stekpanna på medelvärme. Tillsätt lite olivolja och stek vitlöken tills mjuk. Tillsätt sedan mandelmjöl och rör om i ungefär 30 sekunder eller tills gyllenbrunt. Var försiktig så att det inte bränns. Ta bort från plattan.
5. För över den tillagade vitlöken och mandelmjölet till en blender. Tillsätt ugnsrostande rödbetor, citronsaft, mandelmjölk och kvarvarande 3 msk olivolja samt 1 tsk salt.
6. Mixa på hög hastighet tills du får en slät blandning. Om den inte är slät nog, tillsätt lite mandelmjölk eller vatten och mixa igen. Jag rekommenderar starkt att använda en Blendtec Wild Side+ kanna till soppor och pastasåser. Den kommer med en extra bred bas och en smal femte "vild" sida som ger en snabbare, slätare blandning.
7. Koka pastan enligt förpackningens instruktioner eller din egen preferens. Spara 0,6 – 1,2 dl av kokvattnet innan du tömmer. Detta används till att tunna ut pastasåsen i fall att det behövs.
8. Häll såsen i en stor kastrull och koka i 1–2 minuter eller tills den har puttrat. Om den är för tjock, tillsätt lite kokvatten och värm upp. Blanda sedan försiktigt med din pasta så att den täcks.
9. Garnerna med finhackad färsk gräslök och svartpeppar. Toppa med vegansk buratta eller ricotta (se recept i kapitlet om att göra ost) om så önskas. Servera varm.

FÖR 250 G PASTA

"Tvivla aldrig på att en liten grupp eftertänksamma, engagerade medborgare kan förändra världen; i själva verket är de det enda som någonsin har". – Margaret Mead.

SPAGHETTI MED ÄRTBOLOGNESE

INGREDIENSER

Ärtprotein granule	30 G
Olivolja	3-4 MSK
Schalottenlök	3 ST
Vitlöksklyftor malet	4-5
Tamari	1 MSK
Tomatpuré	1 MSK
Tomater	250 G
Kokossocker	1 TSK
Salt & timjan, chili	FÖR SMAKA
Färska basilika- och groddade ärtor	A HANDFUL

INSTRUKTIONER

1. Lägg ärtprotein i en skål och täck med varmt vatten. Låt stå i minst 15–20 minuter. Sila bort det överblivna vattnet. Ställ åt sidan.

2. I en stor kastrull, stek lök och vitlök i 2 msk olivolja tills mjukt och väldoftande, ungefär 2 minuter.

3. Tillsätt ärtproteinet, tamari, olivolja och kokossocker i vitlöken och tillaga tills dess att ärtproteinet är ordentligt tillagat, ungefär 5 minuter. Krydda med 1/4 tsk timjan, 1/2 tsk salt samt en nypa chili.

4. Tillsätt tomatpuré och passerade tomater samt ungefär 2,36 dl pastavatten. Blanda ihop väl.

5. Låt blandningen sjuda utan lock i 30 minuter.

6. Blanda ihop med al dente spaghetti. Dekorera med groddade ärtor och färsk basilika. Servera med vegansk parmesan om så önskas. Njut!

FÖR 230 G PASTA

TAGLIATELLE ALLA VODKA

INGREDIENSER

Tomatpuré	250 G
Vodka	2 MSK
Vitlöksklyftor	4-5
Extra virgin olivolja	4 MSK
Kokosgrädde	3 MSK
Vegansk parmesan	2 MSK
Färsk persilja	1/2 ST
Salt	1 TSK
Sakura- och groddade ärtor	FÖR SERVERING

INSTRUKTIONER

1. Heta upp olivoljan på medel till medelhög värme i en stor, djup traktörpanna och tillsätt den hackade vitlöken.
2. När vitlöken just börjat bruna, tillsätt den hakade persiljan och höj värmen till hög.
Efter en minut eller så (när traktörpannan är väldigt varm), tillsätt de passerade tomaterna och ha locket redo utifall det skulle koka över, blanda sedan snabbt med en träslev.
3. Tillsätt salt och fortsätt att röra om ofta, så att det inte torkar ihop.
4. Efter ungefär 7 eller 8 minuter, då såsen börjat tjockna, smaka av med salt och tillsätt sedan vodkan och blanda väl.
5. Tillsätt grädden och rör om väl. När det börjar sjuda, slå av värmen.
6. Blanda i den hackade basilikan.
7. När pastan kokats al dente, häll den i ett durkslag men spara först lite pastavatten. Tillsätt pastan i vodkasåsen och blanda väl.
8. Jag älskar att servera rätten direkt från pannan och lägga lite sås på varje tallrik. Om du serverar till gäster, förberedd en stor pastaskål genom att värma den med hett vätten. Häll sedan i pastan med sås och toppa med mera sås och groddar.

Ett svenskt sätt att äta pasta på: "Servera den med ketchup!"
Om du kommer från Sverige är detta något du känner igen utan en förklaring, men låt mig förklara för alla andra. Svenskarna älskar ketchup. Seriöst. Många kommer att tycka att detta är konstigt, andra kommer att förstå. I slutändan handlar det ju om tomater. Och burgare och pommesfrites kommer ju med ketchup, så varför skulle det vara annorlunda med en annan version av kött och potatis? Detta är en bra poäng, men inte en som många är villiga att bara acceptera. Svenskar är kända för den här matvanan och är stolta över egendomligheten, ja, de är medvetna om att detta inte är det vanligaste sättet att äta pasta på. :)

FÖR 250 G PASTA

PENNE MED RÖDKÅL OCH BALSAMICOROSTAD LÖK

LILA KÅLSÅS

Rödkål	250 G
Citron juice	3 MSK
Olivolja	2-3 MSK
Salt	1/2 TSK
Peppar	FÖR SMAKA
Pastavatten	0,6 DL

BALSAMICO LÖK

Agave eller Lönn	2 MSK
Rödlök	1 ST
Balsamvinäger	2 MSK
Olivolja	2-3 MSK
Salt	1/2 TSK
Peppar	FÖR SMAKA

INSTRUKTIONER

1. För att göra rödkålssåsen, juica först ett medelstort kålhuvud och häll juicen i en stor kastrull. Tillsätt olivolja, pastavatten och salt. Koka upp tills att den är nog tjock. Spara 1 msk till att dekorera tallriken med om så önskas.

2. Blanda med din pasta tills pastan täcks väl med såsen.

3. För att göra balsamicolöken, förvärm ugnen till 210 °C. Skala löken och se till att lämna rotändarna hela. Skiva löken i hälften på längden, rakt igenom rotänden. Dela varje halva i 7 cm bitar, skär igen genom roten så att lökens lager håller ihop.

4. Lägg löken i en ugnsform. Ringla över balsamvinäger och olivolja. Strö över med salt och peppar. Blanda försiktigt med fingrarna tills att skivorna är väl täckta och ligger i ett lager. Täck ugnspannan tätt med aluminiumfolie och baka i 15 minuter tills att löken är mjuk. Ta bort aluminiumfoliet. Vänd försiktigt på lökskivorna. Sätt tillbaka i ugnen och baka avtäckta i ytterligare 15 till 20 minuter, tills att löken är gyllenbrun. Ta ut ur ugnen och för över till en skål.

5. För att lägga upp, lägg den balsamicorostade löken på tallriken och lägg till lite pasta i rödkålsås.

6. Häll lite balsamvinäger (from skålen du lade den rostade löken i) över tallriken. Häll rödkålssås över tallriken.

7. Dekorera med glasört och spetsflarn (se nästa sida för recept) om så önskas. Strö över havssalt. Servera direkt!

SPETSFLARN

Raffinerad kokosolja	2 TSK
Vatten	1,2 DL
Havremjöl	1/2 MSK
Salt	1 G

INSTRUKTIONER:

1. Tillsätt en generös mängd matolja i din stekpanna på medellåg värme. Du vill att oljan ska täcka stekpannas botten plus lite extra, så att det blir som en liten bassäng. Jag använde mig av en liten stekpanna och 2 msk kokosolja.

2. När stekpannan väl är varm och strax innan oljan börjar att fräsa allt för mycket, häll i (eller tryck ut) ett tunt lager av din blandning i stekpannan. Jag rekommenderar starkt att du använder dig av ett stänkskydd för stekning för att undvika att få het olja på dig.

Beroende på vilken generell form eller storlek du vill ha, kan du hälla i små cirklar eller täcka hela stekpannans botten.

3. Låt flarnet kyla ned i några minuter i stekpannan innan du försöker att ta upp det. Använd en stekspade och skrapa försiktigt upp en kant och arbeta dig in under flarnet. Det bör gå att lyftas upp ganska enkelt och om inte, så behöver du mer olja i pannan nästa gång.

4. För över flarnet till ett kylningsgaller (eller en tallrik) täckt med hushållspapper för att avlägsna överflödig olja.

Notera: Mängden olja och oljans temperatur i stekpannan är kritisk.
Med för lite olja kommer det inte puttra nog för att skapa det ihåliga utseendet. Det kommer heller inte gå att enkelt avlägsnas ur pannan, vilket gör att flarnet kommer att gå sönder när du försöker att ta ut det. Å andra sida, leder för mycket olja till att du får ett oljigt flarn. Om stekpannan dessutom inte är varm nog, kommer oljan inte att puttra.
Om pannan inte är jämnt varm, kommer flarnet inte att bli jämnt tillagat. När du väl fått en känsla för dessa huvudkomponenter, kommer du bli en mästare på att göra flarn.

HUR MAN GÖR MARINARA FÖR KONSERVERING

Ingredienser:

5,5 kg mogna tomater

1,2 dl torkad/dehydrerad lök, finhackad (ger extra smak och fungerar särskilt väl när du konserverar för att förvara länge)

0,6 dl vitlöksklyftor, finhackade

1/4 cup extra virgin olivolja

2 matskedar havssalt

1 matsked mörk balsamvinäger

1 1/2 teskedar torkad rosmarin

1 1/2 teskedar torkad oregano

1 1/2 teskedar torkad basilika

1 1/2 teskedar torkad timjan

1 tesked krossad fänkål

1/2 tesked torkad salvia, malen

1/2 tesked färskmalen svartpeppar

2 lagerblad

Instruktioner:

1. 1. Välj ut de bästa tomaterna du kan hitta. De perfekta tomaterna är köttiga med få frön. Roma-varianten faller inom denna kategori och är också väldigt lättillgänglig. Precis som andra plommontomater så som San Marzano, utvecklar de den bästa smaken när de kokas ihop till en sås. Med det sagt, kan du använda vilka tomater som helst du har tillgång till och är de dessutom odlade i din egen trädgård är detta det bästa alternativet.

2. Skålla tomaterna i en minut i kokande vatten för att lösgöra skalet. Skala tomaterna och pressa ut och släng bort fröna. Hacka tomaterna.

3. Tillsätt tomaterna i en stor kastrull tillsammans med alla andra ingredienser. Koka upp, sänk sedan värmen till låg och sjud utan lock i 2 timmar. Rör om då och då och justera kryddningen efter smak. Ta ut lagerbladen.

4. Använd en stavmixer eller för över till en blender och mixa tills du når önskad konsistens.

5. Såsen är nu redo men smakerna kommer att vara ännu bättre efter en dag eller två. Du kan antingen njuta av såsen på direkten, frysa in den eller konservera för att använda i framtiden.

6. För att konservera: Tillsätt 1/4 tesked citronsyra eller 1 matsked citronjuice på flaska i botten av de steriliserade glasburkarna med 0,5 liters storlek (dubbla mängden för 1 liter) Skrapa ned den varma marinarasåsen i burkarna och lämna 1.20cm utrymme högst upp. Torka av kanterna med en fuktig trasa. Skruva på locken på de rena kanterna. Sätt burkarna i en stor kastrull med kokande vatten och koka i 35 minuter för 0,5 liter och 40 minuter för 1 liter. Stäng av värmen och låt burkarna stå i 5 minuter. Ta ut burkarna och låt stå orörda i 24 timmar. Se till att de är ordentligt förseglade.

Om de förvaras på en mörk, sval plats kommer de att hålla i minst ett år men för den bästa smaken, använd inom sex månader.

VITA SÅSER & OSTSÅSER

LINGUINE AL LIMONE E PEPE

RIGATONI MED SPARRIS OCH GRÖN MANDELSALSA

KRÄMIG PENNE MED SENAPSBLAD, DRAGON OCH MURKLOR

GNOCCHI MED KOKOSCURRY

FETTUCINE MED HOKKAIDOPUMPA OCH SALVIA

SVAMPLASAGNE MED BUTTERNUTPUMPA & BLOMKÅL

KRÄMIG FARFELLE MED CHIPOTLE

TRYFFELCARBONARA MED FUSILLI

MAC 'N' CHEESE MED PUMPA

PENNE MED SAFFRANSGRÄDDE OCH PASSIONSFRUKT

KRÄMIG GNOCCHI MED DRAGON

LINGUINE AL LIMONE E PEPE

INGREDIENSER

Citronjuice	3 MSK
Bergamottjuice	2 MSK
Bergamott & citronzest	8-10 ST
Kokosgrädde	150 ML
Olivolja	3 MSK
Vegansk parmesan	5 MSK
Svartpeppar	FÖR SERVERING

INSTRUKTIONER

1. Med hjälp av en grönsaksskalare, avlägsna två 5 cm långa remsor citronzest. Skiva varje remsa på längden i tunna strimlor och spara tills det är dags att servera. Riv kvarvarande citronzest fint och tillsätt i en stor kastrull tillsammans med citronsaft, mandelgrädde och olivolja och tillaga under omrörning tills att det mjuknat upp och kastrullens botten får brunaktiga fläckar, ungefär 5–7 minuter.

2. Precis innan pastan är al dente, skopa upp 4,70 dl pastavatten. Tillsätt 1,2 dl av dessa i pannan.

3. Tillaga under vispnings tills varje bit är inblandad innan du tillsätter mer, tills att såsen emulgerats och är krämig.

4. Tillsätt sedan pastan i kastrullen.

5. Fortsätt att tillaga genom att röra om ofta och tillsätt en 1 matsked parmesan, lite åt gången. När all ost väl är tillsatt, fortsätt att tillaga under omrörning tills att osten är smält och såsen är krämig och klibbar ihop med pastan, ungefär 3 minuter.

6. Ta bort från plattan och strö över svartpeppar, blanda sedan om igen

7. Servera pastan toppad med de sparade citronstrimlorna eller stekta citronskivor och mer vegansk parmesan.

FÖR 250 G PASTA

NYTT NORDISKT MÖTER GAMMALT ITALIENSKT

82

RIGATONI MED SPARRIS OCH GRÖN MANDELSALSA

INGREDIENSER

Gröna mandlar	1,2 DL
Lök hackad	1 ST
Rödvinsvinäger	2 MSK
Lagerblad	1-2 ST
Kapris	2 MSK
Färska persilja	1/4 ST
Olivolja	2 MSK
Sparris	1/2 ST
Peppar och salt	FÖR SMAKA
Mandelmjölk	150 ML
Citronjuice	2 MSK

INSTRUKTIONER

1. Sätt mandelgrädde och citronjuice i en kastrull. Tillsätt lite olivolja, lagerblad och 0,6 dl pastavatten. Tillaga på medellåg värme tills det tjocknar. Du kan tillsätta en matsked tapiokastärkelse för att skynda på processen. När såsen är klar, blanda väl med pasta.

2. Tillsätt hackad lök, gröna mandlar och en nypa salt tillsammans med rödvinsvinäger i en bunke. Ställ åt sidan och låt dra i minst 15 minuter.

3. Tillsätt sedan kapris, persilja och timjan i skålen med löken och mandlarna. Vispa långsamt i olivoljan. Salta och peppra efter smak. Ställ åt sidan.

4. Hetta upp en stor stekpanna på medelvärme. När den är varm, tillsätt 1 matsked olivolja. Tillsätts sparris och stek tills mjuk, ungefär två till tre minuter per sida beroende på hur tjock den är.

5. Dela upp sparrisen på tallrikar. Lägg pastan ovanpå och toppa med en generös mängd mandelsalsa.

FÖR 250 G PASTA

KRÄMIG PENNE MED SENAPSBLAD, DRAGON OCH MURKLOR

INGREDIENSER

Senapsblad	100 G
Olivolja	1 MSK
Schalottenlök	1 ST
Morels	30 G
Mandelmjölk	200 ML
Dragon	1 TSK
Citronjuice	3 MSK
Näringsjäst	2 MSK
Vitlöksklyftor malet	1 TSK
Djon senap	1 MSK
Salt och peppar	FÖR SMAKA

INSTRUKTIONER

1. Koka upp en kastrull med saltat vatten. Blanchera spenatbladen i 30 sekunder, ta sedan ut och sätt i ett isbad för att bevara färgen. Töm ordentligt och pressa ut överblivet vatten, hacka grovt och sätt åt sidan.

2. Tillsätt olivoljan i en medelstor kastrull på medellåg värme. Tillsätt schalottenlöken och vitlöken och tillaga tills väldoftande, 5 till 10 minuter.

3. Höj värmen och tillsätt murklorna, rör om ofta. Tillaga i 3 till 5 minuter.

4. Tillsätt mandelmjölk och sänk värmen så att mjölken puttrar medan den reduceras. Tillaga i 10 till 15 minuter, tills mjölken har reducerats till ungefär hälften. Tillsätt dragon, näringsjäst och citronsaft och rör om i 10 till 15 sekunder på hög värme.

5. Servera i tallrikar och strö över med malen peppar och vegansk parmesan.

GNOCCHI MED KOKOSCURRY

INGREDIENSER

Kokosmjölk	230 ML
Olivolja	1 MSK
Vitlökpuré	1 TSK
Ingefära pulver	1/4 TSK
Worcestershire eller sojasås	2 MSK
Morot julienne skivad	50 G
Physalis halverad	6-7 ST
Curry pulver	1 TSK
Shiitake eller Porcini	100 G
Näringsjäst	1 MSK
Vegstock	100 ML
Citronjuice	1 MSK
Paprikaflingor	1 TSK

INSTRUKTIONER

1. Tillsätt olivolja, hackad svamp och vitlök i en stor kastrull. Tillaga på hög värme i 5–6 minuter eller tills krispigt.

2. Tillsätt sedan kokosgrädde, curry, ingefärspulver, vegansk worcestershiresås, halverad physalis, morötter, citronsaft, grönsaksbuljong, näringsjäst och peppar. Tillaga på medelvärme i ungefär 15 minuter eller tills det tjocknar.

3. Häll i den kokade pastan i kastrullen och blanda med såsen.

4. Garnera med physalis, vegansk parmesan och timjan om så önskas. Servera varmt.

FETTUCINE MED HOKKAIDOPUMPA OCH SALVIA

INGREDIENSER

Hokkaidopumpa	600 G
Näringsjäst	3 MSK
Vitlök malet	4 ST
Färska salviablad	7-8 ST
Pinjenötter	3 MSK
Vitt vin	1 DL
Rödlök hackad	1 ST
Chiliflingor	1/2 TSK
Salt	1 TSK
Olivolja	3 MSK
Grönsaksbuljong	2 DL

INSTRUKTIONER

1. Koka upp en kastrull med saltat vatten till pastan.
2. Hetta upp lite olivolja i en liten stekpanna eller kastrull. Stek salviabladen i några sekunder vardera. Ta upp ur pannan och lägg dem på en bit hushållspapper. Rosta sedan pinjenötter i samma panna tills gyllenbruna. För sedan över till ett hushållspapper.
3. Stek finhackad lök och vitlök med olivolja i en kastrull.
4. Tillsätt den skivade hokkaidopumpan och stek försiktigt. Tillsätt chili flakes efter smak. Häll sedan i vitt vin och grönsaksbuljong. Koka upp.
5. Tillaga tills att pumpan blir mjuk.
6. Tillsätt blandningen i en mixer. Mixa tills slätt och silkeslent. Om det är för tjockt kan du tillsätta lite pastavatten.
7. Salta och peppra efter smak.
8. Häll pastan i ett durkslag, blanda med pumpasåsen och servera i djupa, varma tallrikar.
9. Toppa med rostade pinjenötter, salviablad och vegansk parmesan om så önskas.

Tips: Detta verkar kanske vara en udda kombination men den delikata hakkaidopumpan bidrar med fantastiska smaker och en distinkt färg till det här enkla receptet.

FÖR 250 G PASTA

FÖR 250 G LASAGNA

SVAMPLASAGNE MED BUTTERNUTPUMPA & BLOMKÅL

INSTRUKTIONER

1. Förvärm ugnen till 200° C. Skär butternutpumpa i kuber, gröp ut fröna och lägg med den öppna sidan nedåt på ett bakplåtspapper. Lägg skivad lök och vitlök bredvid och ringla över med lite olivolja. Rosta tills mjukt nog för en gaffel, ungefär 30–40 minuter. Låt svalna. Detta kan också göras en dag i förväg. När det är klart, för över till en blender och tillsätt resterande ingredienser till butternutsåsen, mixa tills slätt. Häll i en skål.

2. Tvätta och koka sedan blomkålen i en stor kastrull med vatten i 10 minuter tills mjuk nog för en gaffel. Töm ut vattnet väl innan du fortsätter. För över blomkålen till en höghastighetsblender. Tillsätt resterande ingredienser för blomkåls- och ostsåsen och blanda igen. Sätt i en skål och ställ åt sidan.

3. Hetta upp oljan i en stor stekpanna. Tillsätt svamp, schalottenlök och salt och stek på medelvärme, tills att svampen släpper vätskan och börjar bruna. Tillsätt vitlöken, lagerblad och peppar. Tillaga tills väldoftande, ungefär 2–3 minuter till och stäng sedan av värmen. Du kan blanda i lite spenat mot slutet och steka den lätt för extra näringsämnen. Smaka av och se till att fyllningen har tillräckligt med salt och peppar.

4. Montera lasagnen: Tillsätt 2,36 dl av butternutpurén i en ugnsform och sprid ut den i ett tunt, jämt lager. Toppa med 3 lasagneplattor. Tillsätt hälften av ost- och blomkålssåsen och sprid ut jämnt. Lägg på hälften av den tillagade svampen. Strö över 1,2 dl riven vegansk mozzarella om så önskas.

5. Lägg på ytterligare 3 lasagneplattor. Sprid ut resterande blomkåls- och ostblandning så jämnt som möjligt. Skeda över hälften av resterande butternutpuré, mindre än hälften om möjligt, så att du har tillräckligt mycket kvar för att täcka det yttersta lagret (spara åtminstone 4 dl till detta).

6. Tillsätt resten av svampen tillsammans med alla de goda bitarna (lök, vitlök) och strö över lite mer vegansk ost. Lägg de sista tre lasagneplattorna på toppen. Täck med kvarvarande buttnernutpuré och strö över resterande vegansk mozzarella. Du kan montera 1–2 dagar innan du gratinerar.

7. Täck löst med folie och gratinera i ugnen på 200° C i 35 minuter. Ta sedan av foliet och gratinera i ytterligare 15–20 minuter tills gyllene och bubblig. Skär i 6 portioner.

8. Garnera med valfria färska örter (salvia eller rosmarin).

9. Tänd ett ljus och slå på lite musik. Njut!

SVAMPLASAGNE MED BUTTERNUTPUMPA & BLOMKÅL

INGREDIENSER

BUTTERNUT SAUCE

Butternut pumpa	7 DL
Näringsjäst	2 MSK
Lök hackad	1 ST
Olivolja	2 MSK
Vatten	5 ST
Vitlöksklyftor	4 ST
Salt	1 TSK
Svartpeppar	

FÖR SERVERING

SVAMPFYLLNING

Torkad Porcini	50 G
Olivolja	2 MSK
Lök hackad	1 ST
Vitlöksklyftor	4 ST
Tamari	1 MSK
Salt	4 ST
Lagerblad	2 ST
Baby spenat	EN HANDFULL

BLOMKÅLBECHAMEL

Blomkål	250 G
Näringsjäst	2 MSK
Citron juice	1 TSK
Olivolja	2 MSK
Vatten	100 ML
Vitlöksklyftor	1 SMALL
Salt	1 TSK
Svartpeppar	1/4 TSK

FÖR 250 G PASTA

NYTT NORDISKT MÖTER GAMMALT ITALIENSKT

KRÄMIG FARFELLE MED CHIPOTLE

INGREDIENSER

Blancherade mandlar **	1,2 DL
Vatten	1 DL
Chipotle Powder	1/2 TSK
Vitlöksklyftor	2 ST
Rostade tomater	1,2 DL
Citronjuice	1 TSK
Färska timjan	1 ST
Olivolja	1 MSK
Salt	1 TSK

INSTRUKTIONER

1. Tillsätt skållade mandlar, mandelmjölk, olivolja, vatten, chipotle, vitlöksklyfta, ugnsrostade tomater och citronsaft i en blender och mixa tills slätt. Krydda med salt och peppar.
2. Koka pasta enligt instruktionerna på förpackningen. Häll i ett durkslag och sätt sedan i en stor skål.
3. För över chipotlesåsen till en kastrull, tillsätt 2–3 msk pastavatten och tillaga tills det puttrar.
4. Tillsätt pastan till chipotlesåsen och blanda väl på medelvärme i 20–30 sekunder.
5. Servera direkt tillsammans med färsk timjan*.

Anteckningar: * Denna sås är bäst om den serveras direkt.
** Byt ut mandel mot cashewnötter om du föredrar men ta i så fall bort oljan. Cashewnötter innehåller mer fett än mandlar.

FOR 250 G PASTA

TRYFFELCARBONARA MED FUSILLI

INGREDIENSER

Raw cashewnötter blötlägda	70 G
GF näringsjäst	4 MSK
Vitlöksklyftor	2-3
Extra virgin olivolja	4 MSK
Salt	1 TSK
Vegansk parmesan	2 MSK
Svartpeppar	FÖR SERVERING
Tryffelsvamp	20 G
Vatten	2,36 DL
Vattenkrasse	FÖR GARNERING

INSTRUKTIONER

1. Tillsätt blötlagda rå cashewnötter som tömts och silats i 2,36 dl vatten. Blanda i mixern tills konsistensen är silkeslen. Om blandningen är för tjock, tillsätt mer vatten.

2. Sätt resterande ingredienser förutom pasta och tryffel i en matberedare. Mixa på hög hastighet tills slätt.

3. För sedan över blandningen till en kastrull och värm på låg värme tills det puttrar.

4. Häll i pastan i såsen. Blanda väl.

5. Tillsätt extra parmesan och dekorera med tunt skivad tryffelsvamp.

6. Strö över svartpeppar, tillsätt några blad vattenkrasse och servera direkt.

MAC 'N' CHEESE MED PUMPA

INGREDIENSER

Pumpa	250 g
Lök	1 st
Vitlök	4 st
Olivolja	1 msk
Tapiokastärkelse	2,36 dl
Mandelmjölk	2,36 dl
Havssalt	1/2 tsk
Hackad salvia	2 msk
Näringsjäst	3 msk
Paprika	1/4 tsk

INSTRUKTIONER

1. Med hjälp av en vass kniv, skär av toppen och botten av puman och dela den sedan itu. Använd en vass sked eller en glasskopa för att skrapa bort alla frön och trådar. Skär puman i stora bitar.
2. Hacka lök och vitlök, tillsätt i en stor panna med en matsked olivolja. Stek tills gyllenbrunt. Lägg i pumpabitarna. Stek i ett par minuter på medelvärme. Tillsätt sedan mandelmjölk samt hackad salvia och timjan. Tillaga på låg värme tills pumpan är mjuk nog.
3. För över blandningen i en höghastighetsblender så som en Blendec med en Wildside+ kanna. Tillsätt tapiokastärkelse, näringsjäst, peppar och salt.
4. Blanda på hög hastighet tills krämigt och slätt. Smaka sedan av och justera smaken efter behov. Tillsätt mer salt för sälta, näringsjäst för att det ska bli ostigt, salvia eller timjan för örtsmak, vegansk parmesanost (frivilligt) för att ge ett djup till smaken, pumpapajskrydda för pumpasmak, eller paprikaflingor för krydda.
5. För att värma/göra såsen tjockare, häll i en traktörpanna och värm på medellåg värme under frekvent vispning, 3–4 minuter. Om den blir för tjock, tunna ut med lite mer vatten eller mandelmjölk.
6. För att servera, tillsätt kokad pasta i såsen och rör om för att blanda ihop. Toppa med vegansk parmesan, pinjenötter och stekt salvia om så önskas. Servera direkt!

FÖR 250 G PASTA

FÖR 250 G PASTA

NYTT NORDISKT MÖTER GAMMALT ITALIENSKT

PENNE MED SAFFRANSGRÄDDE OCH PASSIONSFRUKT

INGREDIENSER

Havregrädde	200 G
Hackad rosmarin	EN NYPA
Vitlök malet	4 ST
Passionsfrukt	1 MSK
Svartpeppar	1/4 TSK
Extra virgin olivolja	2 MSK
Salt	1 TSK
Saffran	0.2 G

INSTRUKTIONER

1. Tillsätt havregrädde och saffran i en liten kastrull på låg värme. Rör om i såsen så att saffranet kan lösas upp i grädden.

2. I en stor traktörpanna, tillsätt olivolja och vitlök. Tillaga tills mjukt. Häll sedan i saffransgrädden.

3. Tillsätt salt och svartpeppar, blanda väl.

5. Rör om i blandningen en kort stund.

6. Stäng av värmen och tillsätt färsk passionsfrukt. Blanda väl med pasta, strö över hackad rosmarin och servera!

Anteckning: *Använd pasta gjord på fullkornsris eller quinoa för bäst resultat.

FÖR 250 G PASTA

KRÄMIG GNOCCHI MED DRAGON

INGREDIENSER

Kokosmjölk	1,2 DL
Selleri stjälk hackad	1 ST
Blomkål	250 G
Vitlöksklyftor	2 MALD
Schalottenlökar	3 ST
Extra virgin olivolja	0,6 DL
Salt	2 TSK
Citronjuice	2 MSK
Svartpeppar & Sumac	1/2 TSK
Muskot	EN NYPA
Färsk dragon malet	1 MSK + MER FÖR SERVERING

INSTRUKTIONER

1. Hetta upp olivolja i en stor kastrull. Tillsätt sedan hackad schalottenlök, vitlök, selleri och salt. Stek på medelvärme tills att grönsakerna är mjuka, men inte så att de blir bruna. Detta bör ta 5–7 minuter.

2. Tillsätt blomkål och kokosmjölk. Täck grönsakerna med ett lock för att fånga in vattenångan och tillaga grönsakerna lätt. Rör om med 5 minuters mellanrum för att förhindra att de blir bruna, tills de är mjuka nog för en gaffel. Detta bör ta ungefär 10–12 minuter.

3. När grönsakerna väl har mjuknat, ta bort blandningen från plattan. Rör i paprika, sumak, muskotnöt och citronsaft. Mixa blandningen tills slät i en höghastighetsblender (en stavmixer fungerar också bra). Rör i dragonen.

4. Tillsätt nu lite pastavatten, ungefär 0,6 dl och blanda väl. Blandningen bör varken vara för tunn eller för tjock. Om det behövs, tillsätt mer vatten.

5. För över blandningen till en traktörpanna. Tillaga på medellåg värme och rör om då och då, tills att det puttrar. Tillsätt ytterligare olivolja om det behövs. Jag föredrar att tillsätta 2 msk extra för att göra såsen mer krämig och klibbig.

6. Blanda med pasta. Dela upp mellan tallrikar.

7. Dekorera med färsk dragon, lila violblommor, röd krasse och sakurakrasse om så önskas.

GRÖNA SÅSER

ORECCHIETTE MED SPIRULINA- OCH MATCHAGRÄDDE OCH OSTRONBLAD

SPAGHETTI MED PORTLAKPESTO

GNOCCHI MED MANDELRICOTTA & PESTO

FARFELLE MED MATCHASÅS, GLASÖRT OCH MURKLOR

EN TRÄDGÅRD PÅ TALLRIKEN – RÅ ZUCCHININUDLAR

UDONNUDLAR MED MISO, SHIITAKE OCH TOFU

SPAGHETTI MED INGEFÄRA OCH BROCCOLI

PESTO PÅ HARSYRA OCH AVOKADO

KRÄMIG BONDBÖNSPENNE MED KRONÄRTSKOCKA

RIGATONI MED ZUCCHINISÅS OCH DRAGONPÄRLOR

BONUSRECEPT – KANTARELLPESTO

FÖR 235 G PASTA

NYTT NORDISKT MÖTER GAMMALT ITALIENSKT

ORECCHIETTE MED SPIRULINA- OCH MATCHAGRÄDDE OCH OSTRONBLAD

INGREDIENSER

Avokado	1 MOGEN
Cashewnötter blötläggda	50 G
Matchapulver	1 TSK
Spirulinapulver	1/2 TSK
Olivolja	2-3 MSK
Jalapeno hackad	1 TSK
Vitlöksklyftor malet	3-4
Schalottenlök hackad	2-3
Himalayasalt	1 TSK
Ostronbladen	8-9
Vegansk parmesan	FÖR SERVERING
Röd Krasse	FÖR GARNERING
Vita Violblad	FÖR GARNERING
Gangnam Toppar	FÖR GARNERING

INSTRUKTIONER

1. Hetta upp olja på medelhög värme i en stor teflonpanna. När det fräser, tillsätt lök och tillaga i 5–7 minuter, tills den mjuknar. Tillsätt vitlök och tillaga i ytterligare 1 minut, tills väldoftande. För över till en blender och spara teflonpannan till senare användning. Tillsätt blötlagda cashewnötter, 100 ml pastavatten, skalad avokado, matchapulver, citronsaft och salt. Mixa på hög hastighet i ungefär 2 minuter, tills väldigt slätt.

2. För över blandningen till en djup och vid kastrull. Tillaga på medelvärme tills det puttrar. Om blandningen är för tjock, tillsätt lite mer pastavatten och olivolja.

3. Tvätta och torka ostronbladen. Värm upp teflonpannan igen, tillsätt lite olivolja och sätt sedan i ostronbladen. Stek tills vackert gröna. Strö över lite salt. Ta bort från plattan och ställ åt sidan.

4. Tillsätt såsen i en kastrull med pasta på låg värme. Rör om för att täcka och värm tills genomvarmt, ungefär 2 minuter. Smaka av och justera kryddningen. Toppa varje portion med stekta ostronblad och vegansk parmesan. Garnera med vita violblad, gangnam-toppar och röd krasse om så önskas.

Tips: Andra saker som passar bra ihop med dessa: körsbärstomater, pinjenötter, sesamfrön, gräslök, purjolök, persilja.

SPAGHETTI MED PORTLAKPESTO

INGREDIENSER

Portlak	120 G
Olivolja	5-6 MSK
Vitlöksklyftor malet	1-2
Solrosfrön	65 G
Citronjuice	1
Salt och peppar	FÖR SMAKA
Pastavatten	170 ML
Vegansk parmesan	FÖR SMAKA

INSTRUKTIONER

1. Mixa portlak, solrosfrö, vitlök och citronsaft i en höghastighetsblender tills du får en extra slät blandning. Blanda i olja och

2. Koka spaghettin i saltat vatten tills al dente. Spara ungefär 170 ml av pastavattnet

3. Sätt tillbaka spaghettin i kastrullen, blanda i det sparade pastavattnet samt peston och lägg sedan upp på tallrikar.

4. Toppa med portlak, ost, chili och solrosfrön.

FÖR 250 G PASTA

GNOCCHI MED MANDELRICOTTA & PESTO

GNOCCHI DEG

Blå Kongo	300 G
Bovetemjöl	1,2 DL
Muskot	EN NYPA
Svartpeppar	EN NYPA
Vitlöksklyftor malet	2 ST
Salt	1 TSK

GARNERING

Färska basilikablad
Rostade pinjenötter

PESTOSÅS

Färsk basilika	2,36 DL
Pinjenötter	2 MSK
Vitlöksklyftor	2 ST
Citronjuice	2 MSK
Olivolja	2 MSK
Salt	1/4 TSK

MANDEL RICOTTA

Blancherade mandlar	1,2 DL
Citronjuice	2 MSK
Salt	1/4 TSK

INSTRUKTIONER

GNOCCHIDEG

1. Koka lila sötpotatis i en kastrull tills den mjuknar ordentligt.
2. Mosa sedan potatisen i en skål och ställ åt sidan för att svalna.
3. När potatisen svalnat helt och hållet, tillsätt havremjöl, muskotnöt, salt, svartpeppar och vitlök. Tillsätt så lite mjöl som möjligt, annars kommer gnocchin att bli seg och gummiaktig. Använd enbart så mycket mjöl som behövs för att du ska kunna arbeta med degen utan att den klibbar.
4. Dela upp degen i två bollar och rulla ut till långa rullar. Skär dem i 1.27 cm stora bitar. Pressa dem med baksidan av en gaffel för att forma.
5. Tillaga gnocchin i kokande vatten i ungefär 5 minuter, du vet att de är färdigkokade när de flyter upp till ytan.

PESTOSÅS

1. Tillsätt basilika, nötter, vitlök, citronsaft och havssalt i en matberedare och mixa på hög hastighet tills en lös pasta bildas.
2. Tillsätt lite olivolja åt gången (häll i medan maskinen arbetar om möjligt) och skrapa av kanterna efter behov. Tillsätt sedan 1 msk (15 ml) vatten åt gången tills rätt konsistens uppnås – en tjock sås men som ändå går att hälla.
3. Smaka av och justera smakerna efter behov; tillsätt näringsjäst (frivilligt) för en ostig smak om du önskar, salt för generell smak, nötter för nötighet, vitlök för sting och citronsaft för syrlighet.

FÖR 500 G

MANDELRICOTTA

1. Blötlägg de skållade mandlarna över natten. Skölj och töm.
2. Tillsätt alla ingredienser i en matberedare, tillsätt vatten och pulsera tills krämigt.
3. Lägg mjukosten i en skål och låt den stå i kylskåpet i minst 1 timme innan användning så att den kan tjockna lite grann.

MONTERING

1. Sätt gnocchin i en het stekpanna med en rejäl skvätt olivolja och stek för att få till en jämn gyllenbrun yta.
2. Värm försiktigt peston i en separat kastrull och spara 4–5 matskedar till att dekorera tallriken med. Rör försiktigt i gnocchin i kastrullen med pestosås. Såsen bör inte täcka den vackert lila färgen hos gnocchin.
3. Dela upp pestosåsen mellan tallrikar genom att göra små högar. Lägg försiktigt en bit gnocchi på varje pestohög. Spritsa lite mandelricotta på sidan av genom att använda en spritspåse. Dekorera med basilika och pinjenötter. Servera!

FARFELLE MED MATCHASÅS, GLASÖRT OCH MURKLOR

MATCHAKRÄM

Cashewnötter	100 g
Havretofu	50 g
Citronjuice	1 msk
Olivolja	2 msk
Vitlökspulver	1 tsk
Matcha pulver	1 msk
Näringsjäst	1 msk
Salt	1 tsk
Pastavatten	150 ml

STEKT MOREL

Morelsvamp	25 g
Tamari	1 msk
Olivolja	2 msk

DECORERING

Glasört stekt	för decorering
Pastina (liten stjärnformad pasta)	25 g

INSTRUKTIONER

1. Tillsätt murklorna i en het traktörpanna och stek murklorna utan olja under ständig omrörning. De kommer att bli torrare och torrare varje minut. När de är krispiga och gyllenbruna, tillsätt olivolja och tamari. Rör om väl på medelvärme i 2–3 minuter. Justera smakerna om så önskas.
2. Smula tofun och tillsätt i en matberedare tillsammans med resten av ingredienserna. Bearbeta tills att blandningen är väldigt slät och pausa för att skrapa av kanterna vid behov.
3. Stek glasört tillsammans med lite olivolja i en stekpanna. Sätt åt sidan.
4. Koka pastan al dente. Blanda med lite olivolja och dela upp mellan tallrikar.
5. Lägg matcha- och ostsåsen ovanpå eller bredvid pastan.
6. Dekorera med glasört och pastina (liten stjärnformad pasta.)

FÖR 200 G PASTA

FÖR 250 G PASTA

NYTT NORDISKT MÖTER GAMMALT ITALIENSKT

EN TRÄDGÅRD PÅ TALLRIKEN - RÅ ZUCCHININUDLAR

INGREDIENSER

Zucchini	3-4 ST
Gröna Oliver	1,2 DL
Körsbärstomater	1,2 DL
Babyspenat	2,36 DL
Hampafrön skalade	FÖR SERVERING
Violblommor	FÖR DECORERING

FÖR SÅSEN

Hass- avokado	1 MOGEN
Vitlöksklyftor malet	2-3
Färska basilikablad	5-6
Mandelmjölk	2 MSK
Citronjuice	2 MSK
Salt	1 TSK

INSTRUKTIONER

1. Gör zucchininudlar med hjälp av en grönsakssvarv, ställ åt sidan.

2. Hacka spenatblad i små bitar. Sätt i en skål.

3. Tillsätt halverade oliver och körsbärstomater. Ställ åt sidan.

4. Tillsätt skalad avokado, pressad vitlök, mandelmjölk, färsk basilika, citronsaft och salt i en matberedare.

5. Mixa på hög hastighets tills du får en slät blandning. Om det behövs, tillsätt mer mandelmjölk eller vatten för att tunna ut.

6. För att servera, häll såsen över zucchininudlarna, oliverna, tomaterna och spenaten. Blanda ihop.

7. Strö över skalade hampafrön och dekorera med violblommor. Njut!

Tips: Se till att zucchinins kött är fast och att skalet är fritt från distinkta skador så som stora märken.
Välj en stor zucchini för störst mängd, men inte en med för mycket kött. Zucchini har en hög vattenhalt, så allt för stora zucchinis har mycket kött och kan bli vattniga när de förbereds utan kontakt med skalet. Du behöver inte hålla dig till zucchini, gul squash och pärongurka/chayote fungerar också.

FÖR 250 G PASTA

NYTT NORDISKT MÖTER GAMMALT ITALIENSKT

114

UDONNUDLAR MED MISO, SHIITAKE OCH TOFU

INGREDIENSER

MISOBULJONGEN

Färska ingefära	5 CM
Coconut Aminos *	2 MSK
Kombu-pulver	1 TSK
Vatten	10 DL
Misopasta	1.5 MSK
Citronjuice	5 MSK

NUDLARNA

Lökgräslök	2 MSK
Udon Noodle	200 G
Shiitake svamp	200 G
Snö ärtor	2 DL
Fast Tofu	150 G
Coconut Aminos	3 MSK
Olivolja	3 MSK
Sriracha	1 TSK
Kålblad	4-5 ST
Svartsesam	FÖR SERVERING

INSTRUKTIONER

För misobuljongen:
Blanda ingefära, kombupulver och 16 dl kokande vatten i en stor kastrull. Låt stå medan du förbereder resten av ingredienserna, ungefär 20 minuter. Sila försiktigt buljongen, se till att pulver som inte lösts upp inte följer med. Tillsätt 1,2 dl buljong samt misopastan i en höghastighetsblender och mixa tills ihopblandat och slätt. Tillsätt misoblandningen i buljongen och smaka av, tillsätt tamari och limesaft tills att du gillar smaken.

För nudlarna:
Koka upp en stor kastrull med saltat vatten. Tillsätt nudlarna och rör om ofta så att de inte klibbar ihop, tills att nudlarna mjuknat. Häll nudlarna i ett durkslag och skölj dem under kallt, rinnande vatten. Om du inte använder dem på en gång, blanda i lite olivolja för att se till att de inte klibbar ihop. Dela annars upp nudlarna mellan 4 stora skålar och håll dem varma.

Tofu:
Hetta upp en stekpanna, tillsätt tofun och ringla över 1 msk olivolja och 1 msk soja. Tillsätt sirachasåsen och blanda för att täcka. Stek tills krispigt och ställ sedan åt sidan.

Shiitake:
Under tiden, lägg shiitakesvampen och sockerärtorna i en stekpanna och tillsätt kvarvarande 2 msk olivolja och soja vardera. Stek tills mjukt och rör om då och då, i ungefär 10 minuter.

Uppläggning:
Värm upp misobuljongen så att den ångar men inte sjuder. Tillsätt grönkålen och tillaga precis under sjudning tills slokande och fint grön.

Dela upp nudlarna mellan 3 stora skålar. Tillsätt shiitakesvampen, tofun, sockerärtorna och gräslöken. Häll över misobuljongen med grönkål över skålarna. Toppa med sesamfrön och servera!

---

* Använd om så önskas sojasås eller tamari istället för kokosnötsaminos.

SPAGHETTI MED INGEFÄRA OCH BROCCOLI

INGREDIENSER

Broccoli	170 g
Färsk ingefära	1 msk
Purjolök	1 st
Citronjuice	3-4 msk
Vitlöksklyftor	2-3
Pastavatten	0,8 dl
Olivolja	3 msk
Salt	1 tsk
Broccoli Microgreens	för decorering

INSTRUKTIONER

1. Förvärm ugnen till 180° C. Skär bort stammarna från broccolibuketterna och skär i små bitar. Ansa stammarna och släng bort det yttre lagret, tärna sedan och sätt åt sidan. Blanda broccolibitarna med 1/2 matsked olivolja och lägg i ett jämt lager på en bakplåt. Ugnsrosta tills broccolin blir mjuk och börjar bli brun, ungefär 20–25 minuter.
2. Medan broccolin är i ugnen, hetta upp olivolja på medellåg värme i en medelstor kastrull. Tillsätt hackad purjolök. Stek i ungefär 4 minuter och tillsätt sedan ingefäran och stek i ytterligare en minut. Blanda i broccolistammarna tillsammans med pastavatten, citronzest, citronsaft och salt. Koka upp och reducera till en sjudning, och tillaga tills att stammarna är mjuka och den ugnsrostade broccolin är färdig.
3. Tillsätt den ugnsrostade broccolin, men spara några bitar till att toppa pastan med om du vill. Häll sedan i en blender.
4. Om såsen är för tjock, tillsätt pastavatten och olivolja tills den tunnas ut till rätt konsistens. Mixa väl tills slätt.
5. Häll blandningen i en kastrull och koka tills den puttrar.
6. Blanda väl med spaghetti.
7. Servera med broccoli, ärt-och shisogroddar och violer om så önskas eller toppa med de sparade broccolibitarna och vegansk parmesan.

FÖR 250 G PASTA

NYTT NORDISKT MÖTER GAMMALT ITALIENSKT

118

PESTO PÅ HARSYRA OCH AVOKADO

INGREDIENSER

Hass- avokado	200 G
Harsyra	30 G
Vegansk parmesan	1,2 DL
Rostade pinjenötter	45 G
Vitlöksklyftor	3 ST
Extra virgin olivolja	4 MSK
Salt	1 MSK
Citronjuice	1 TSK
Krasseblad	FÖR GARNERING
Svartpeppar	FÖR SERVERING

INSTRUKTIONER

1. Skala avokadon. Tvätta och torka örterna. Tillsätt sedan avokado, nötter, ost, vitlök, harsyra och olivolja i en blender och mixa tills du får en tjock pesto. Smaka av med salt, peppar och citronsaft.
2. Vispa ihop 1,2 dl pesto och 0,6 dl pastavatten i en skål tills ihopblandat, tillsätt sedan pastan och rör om så att pastan täcks med pesto.
3. Tillsätt mer salt om det behövs, toppa med färsk basilika, pinjenötter eller vegansk parmesan och krasseblad. Servera sedan medan den är varm.

Anteckningar: Harsyrapesto framhäver örtens skarpa, syrliga smak i en sås som bara tar minuter att göra. Bladen blandas ihop med de ingredienser som vanligtvis finns i standardpesto med basilika, vilket gör peston perfekt att blanda ihop med pasta.

KRÄMIG BONDBÖNSPENNE MED KRONÄRTSKOCKA

INGREDIENSER

Färska breda bönor	250 G
Kronärtskocka med löv	2 ST
Citron juice	2-3 MSK
Vatten	500 ML
Lök	1 ST
Vitlöksklyftor	3-4
Morot	1 ST
Olivolja	0,8 DL
Salt	2 TSK
Ärtgroddar	FÖR DECORERING

INSTRUKTIONER

1. Skala och skär lök, vitlök och morot. Sätt i en stor kastrull. Stek med lite olivolja i 5–6 minuter eller tills de mjuknar
2. Avlägsna kronärtskocksbladen tills du når hjärtat. Dela sedan i hälften på längden och ta bort den luddiga mittendelen med en tesked. Sätt hjärtana i vatten med citron tills du är redo att använda dem, för att de inte ska bli bruna.
3. Tillsätt kronärtskocksbladen i kastrullen med de andra grönsakerna. Koka upp och sjud sedan i 30–35 minuter.
4. Låt svalna i 20 minuter och sila genom en fin sil. Spara kronärtskocksbladen och morötterna till senare.
5. Avlägsna bondbönorna från skalen en och en. Detta kan göras kvällen innan.
6. Tillsätt kronärtskockshjärtan och kronärtkocksbuljong i en stor kastrull. Koka upp och sjud tills att kronärtskockorna är mjuka.
7. Tillsätt bondbönorna i kastrullen och tillaga tills väldigt mjuka. Var försiktigt så att de inte tillagas för mycket. Annars förlorar de sin klargröna färg. Du vill att de ska ha en klar, vacker färg.
8. Mixa tills slätt och justera salt, olja och kryddning. Häll tillbaka i kastrullen och tillaga i 2–3 minuter på medellåg värme tills det puttrar.
9. När du kokat din penne, tillsätt 2–4 matskedar pastavatten i såsen och rör om väl. Blanda sedan med penne på hög värme i 5–6 sekunder. Lägg på tallrikar. Strö över veganskt ostpulver om så önskas.
10. Skala de uppmjukade kronärtskocksbladen. Du kommer att hitta mjukt bladkött när du skalar dem. Ringla med olivolja och strö över lite salt och peppar. Lägg på pastan. Skär de tillagade morötterna i små kuber och dekorera tallriken så som på bilden.
Du kan avsluta med att toppa med smörgåskrasse och violblomma om så önskas. Njut!

FÖR 200 G PASTA

NYTT NORDISKT MÖTER GAMMALT ITALIENSKT

RIGATONI MED ZUCCHINISÅS OCH DRAGONPÄRLOR

VARJE SOPPA ÄR EN POTENTIELL PASTASÅS

 FÖR 300 G PASTA

124

RIGATONI MED ZUCCHINISÅS OCH DRAGONPÄRLOR

ZUCCHINISÅS

Courgette hackad	1 ST
Sjalot hackad	3 ST
Vitlöksklyftor malet	2 ST
Olivolja	2 MSK
Citronjuice	2 MSK
Salt	1/2 TSK
Peppar	FÖR SMAKA
Pastavatten	0,6 DL

DRAGONPÄRLOR

Färsk Dragon	15 G
Olivolja	300 ML
Agar Agar	1 G
Vatten	80 ML

GARNERING

Pea Sprouts	2 TBSPMSK
Silver Powder	FÖR DECORERING
Purple Basil Leaves	FÖR DECORERING

INSTRUKTIONER

1. För att göra zucchinisås:
Stek vitlök, lök och zucchini i en stekpanna med olivolja tills mjukt nog. Ta sedan bort från plattan och för över till en höghastighetsblender och mixa med citronsaft, peppar, salt och pastavatten. Häll i en kastrull och värm tills såsen puttrar. Smaka av och salta och peppra om det behövs, för sedan över till en spritspåse.

2. För att göra dragonpärlor:
Sätt en kastrull med saltat vatten på plattan och koka upp. Rensa dragonen och tvätta bladen väl. Tillsätt bladen i kokande vatten i ett par minuter och för sedan snabbt över dem till ett isbad för att den gröna färgen ska bevaras. Blanda sedan bladen i en blender tillsammans med 80 ml vatten så att det blir flytande. Tillsätt 1 gr agar agar per 80 ml vatten och koka upp. Under tiden, häll oljan i en lång, smal behållare och låt den bli kall i kylen. Använd en spruta utan nål och droppa dragonsåsen i den kalla oljan. När dropparna når botten av behållaren, kommer de att ha formats till perfekta pärlor.

3. Koka pastan i rikligt med vatten. Töm pastan i ett durkslag och fortsätt sedan att tillaga den i kastrullen tillsammans med lite olivolja. Pastan kommer att släppa stärkelsen och absorbera all olivolja. Rör i en rejäl nypa parmesanost och ringla med extra virgin olivolja.

4. Lägg upp rigatonipastan på tallriken så som på bilden. Tillsätt zucchinisås i mitten av varje rigatoni med hjälp av spritspåsen.

5. Dekorera med basilikablomblad, ärtgroddar och dragonpärlor så som på bilden. Avsluta med att pudra över silverpulver. Servera!

BONUSRECEPT - KANTARELLPESTO

INGREDIENSER

Kantareller	200 G
Pinjenötter	50 G
Extra virgin olivolja	80 ML
Vitlöksklyftor	2-3 ST
Lök hackad	1 ST
Ny persilja hackad	1/2 ST
Svartpeppar	1/2 TSK
Salt	1 TSK

INSTRUKTIONER

1. Rengör försiktigt kantarellerna tills all jord är borttagen. Du kan göra detta med en svampborste, en bakpensel eller med fuktigt hushållspapper.

2. Hetta upp en stekpanna på medelvärme. Tillsätt pinjenötterna och stek under omrörning i 2–3 minuter, tills de just börjar bli bruna. Ta bort från plattan och ställ åt sidan.

3. Hetta upp 1 matsked olivolja i stekpannan på hög värme. Tillsätt löken och stek under frekvent omrörning, i 2–3 minuter tills den mjuknar. Sänk värmen, tillsätt kantarellerna och stek i ytterligare 5 minuter, tills mjuka. Ta bort från plattan och ställ åt sidan i 10 minuter.

4. Tillsätt svampen och löken i en mixer eller matberedare. Tillsätt de rostade pinjenötterna, parmesan, persilja, vitlök och den kvarvarande olivoljan. Blanda tills slätt. Smaka av och tillsätt salt och peppar efter smak. Häll i lite olivolja om peston är för stel. När den har svalnat, sätt i en ren burk och förvara i kylen – den håller i upp till två veckor.

Servera med pasta eller knäckebröd.

I Skandinavien har vi tur nog att ha allemansrätten, vilket innebär att man kan röra sig fritt i naturen. Detta i kombination med att de nordiska länderna har en miljö där många mumsiga ätbara växter frodas, har gjort plockning till en tradition.
Då plockning är en så stor del av den svenska kulturen, finns det många recept som tar vara på möjligheten att plocka fritt. Det är något så speciellt och uppfriskande med att skapa festliga smaker som inte kommer från hyllorna i matbutiken.

INDEX

SKAFFERI	09
ATT TILLAGA PASTA PÅ DET ITALIENSKA VISET	10
REDUCERING TIPS	12
EN VANLIG FORUMLA FÖR PASTASÅSER	13
ATT VÄLJA ITALIENSK PASTA AV HÖG KVALITET	14
KOMBINERA PASTASORTER MED SÅSER	15
EN LITEN REGIONAL PASTAGUIDE	16
NÖTOSTAR FÖR ATT LYFTA DIN PASTA	18
LAGRAD PEPPAR JACK PÅ MANDEL	18
KULTIVERAD MACADAMIA	18
VEGANSKT SMÖR	21
CASHEW BURATTA	22
DEHYDRERADE FLINGOR AV SOLROSPARMESAN	23
ENKEL CASHEWPARMESAN I PULVERFORM	23
NORDISK OCH ITALIANESK FUSION	25
SPAGHETTI MED GLÖGGMARINERADE BELUGALINSER & ROTSELLERI	27
EN SMAK AV NORRA ISLAND	28
TAGLIATELLE MED GRÖNSAKSBULLAR OCH LINGON	30
RIGATONI AV LAPLAND	33
BLÅ CASARECCE MED SVART TRUMPETSVAMP & BLÅBÄR	34
SPAGETTI MED VITKÅL OCH SENAPSÅS	37
CONCHIGLIE RIGATE ALFREDO MED MASKROSBLAD	39
SPAGHETTI MED LAKRITS OCH KANTARELLER	40
CASARECCE MED PORCINI & BALSAMSÅS	42
LINGUINE MED CHOKLAD & BÄR	45
GNOCCHI MED SKAGENRÖRA	47
JULAFTONSTAGLIATELLE MED KASTANJENÖT	49
RÖDA SÅSER	53
SPAGETTI MED HABANEROSÅS	55
FUSULLI ALLA PUTTANESCA	56
SPAGHETTI MED GRILLAD INGEFÄRSTOMAT	59
MAFALDINE MED FÄNKÅL- OCH MOROTSSÅS	61
SPAGHETTI PUTTANESCA MED ANSJOVISSÅS	62
PENNE ALL-ARRABBIATA	64
ORECCHIETTE MED RÖDBETSGRÄDDE OCH BURATA	66
SPAGHETTI MED ÄRTBOLOGNESE	70
TAGLIATELLE ALLA VODKA	72
PENNE MED RÖDKÅL OCH BALSAMICOROSTAD LÖK	74
HUR MAN GÖR MARINARA FÖR KONSERVERING	77
VITA SÅSER & OSTSÅSER	79
LINGUINE AL LIMONE E PEPE	81
RIGATONI MED SPARRIS OCH GRÖN MANDELSALSA	83
KRÄMIG PENNE MED SENAPSBLAD	85
GNOCCHI MED KOKOSCURRY	87
FETTUCINE MED HOKKAIDOPUMPA OCH SALVIA	88
SVAMPLASAGNE MED BUTTERNUTPUMPA & BLOMKÅL	90
KRÄMIG FARFELLE MED CHIPOTLE	93
TRYFFELCARBONARA MED FUSILLI	95
MAC 'N' CHEESE MED PUMPA	96
PENNE MED SAFFRANSGRÄDDE OCH PASSIONSFRUKT	99
KRÄMIG GNOCCHI MED DRAGON	101
GRÖNA SÅSER	102
ORECCHIETTE MED SPIRULINA- OCH MATCHAGRÄDD	105
SPAGHETTI MED PORTLAKPESTO	106
GNOCCHI MED MANDELRICOTTA & PESTO	108
FFARFELLE MED MATCHASÅS, GLASÖRT OCH MURKLOR	110
EN TRÄDGÅRD PÅ TALLRIKEN – RÅ ZUCCHININUDLAR	113
UDONNUDLAR MED MISO, SHIITAKE OCH TOFU	115
SPAGHETTI MED INGEFÄRA OCH BROCCOLI	116
PESTO PÅ HARSYRA OCH AVOKADO	119
KRÄMIG BONDBÖNSPENNE MED KRONÄRTSKOCKA	120
RIGATONI MED ZUCCHINISÅS OCH DRAGONPÄRLOR	125
BONUSRECEPT – KANTARELLPESTO	127

ANTECKNINGAR

NYTT NORDISKT MÖTER GAMMALT ITALIENSKT

ANTECKNINGAR

NYTT NORDISKT MÖTER GAMMALT ITALIENSKT

ANTECKNINGAR
NYTT NORDISKT MÖTER GAMMALT ITALIENSKT

www.ingramcontent.com/pod-product-compliance
Lightning Source LLC
Chambersburg PA
CBHW041707160426
43209CB00017B/1772